光是绘梦想的油画棒

精品集萃丛书·时光不老系列

《中学生博览》杂志社 选编

时代文艺出版社

图书在版编目（CIP）数据

时光是描绘梦想的油画棒／《中学生博览》杂志社
选编. -- 长春：时代文艺出版社, 2021.6
（青春美文精品集萃丛书. 时光不老系列）
ISBN 978-7-5387-6680-6

Ⅰ.①时… Ⅱ.①中… Ⅲ.①作文－中小学－选集
Ⅳ.①H194.5

中国版本图书馆CIP数据核字(2021)第076579号

时光是描绘梦想的油画棒
SHIGUANG SHI MIAOHUI MENGXIANG DE YOUHUABANG

《中学生博览》杂志社　选编

出 品 人：陈　琛
责任编辑：王金弋
装帧设计：任　奕
排版制作：隋淑凤

出版发行：时代文艺出版社
地　　址：长春市福祉大路5788号　龙腾国际大厦A座15层　（130118）
电　　话：0431-81629751（总编办）　　0431-81629755（发行部）
网　　址：weibo.com/tlapress（官方微博）　　sdwycbsgf.tmall.com（天猫旗舰店）
开　　本：880mm×1230mm　1/32
字　　数：135千字
印　　张：7
印　　刷：三河市嵩川印刷有限公司
版　　次：2021年6月第1版
印　　次：2021年6月第1次印刷
定　　价：36.00元

图书如有印装错误　请寄回印厂调换

编 委 会

Contents
目　录

冰消雪融的时光

梦想从未离开

相遇在纯真年代

时光里的小秘密

一人一心一旧城，旧街旧巷等旧人

不知所芸

1

老家门前那条小巷子的巷口，有个老人卖早点，有包子豆浆和油条。包子馅足，油条酥香，豆浆浓醇。日复一日，除了大暴雨，每天早晨我都能听见丁零当啷推车的声音。

听声音，我便知道，王婆婆又出摊了。

王婆婆今年约莫六十岁了，住在老家后那间略显破败的房子里。若是失眠的夜里，我在早上四点就能听见婆婆磨豆子、揉面团的声音。我想象着那美味的早点，不一会儿就昏昏沉沉地睡过去。

婆婆卖的早餐十分便宜，一碗豆浆泡一根油条，再来一个大肉包，只要五毛钱。时常有几个匆忙忘了带钱就出门的学生，婆婆只是笑着催促他们赶紧上学去，钱可以回头再算。如果那些年我可以参与投票选感动中国十大人物，我一定要把婆婆推举上去。

他们总说老一辈的人都喜欢讲故事，因为他们身上有很多很多的故事，后辈也十分好奇那些年代发生的故事。而婆婆身上的故事只有一个，当她念念不忘，向我娓娓道来时，她神采奕奕的模样好似回到当年，带着点儿羞涩，又带着点儿可爱。

2

婆婆床头柜上有一张泛黄的黑白照片，照片看起来就像是黑白版的结婚证件照。对它印象极深是因为男生是一个十分帅气的小伙子，剑眉英目，穿着中山装的样子像个十分可靠的人，女生扎着两个麻花辫，青春靓丽，一看就是婆婆年轻的时候。

她从这张照片开始讲，讲他们的相见。

那是二十世纪六十年代，婆婆是个十六岁的少女，早早便因家境贫困辍学，跟着母亲在巷口卖早点，以供弟弟上学。

那男生家住附近，上学也在附近，每天上学前都会来摊位前买一份早点，每天固定的一碗豆浆泡一根油条，再来一个大肉包，每天都会重复那句"你好，一碗豆浆一根油条一个肉包"。

根据巴普洛夫的理论，他们这样每天重复的交流，是会让彼此习惯对方的存在并且接受对方存在的，若突然有一天这个交流断了，是会让双方都心慌的，这可以算是进入爱情的先兆了。

正因此，经过三个月后，婆婆已经会算好他来的时间，提前将油条泡好，使油条的口感达到最佳，豆浆也不至于烫嘴。若是他没来，她便会消沉一整天，担心他是不是起晚了所以没吃早餐，担心他是不是感冒或是受伤不能出门。

幸而那只是少数的情况，一年三百六十五天他会光顾三百六十天以上，每次他吃饱喝足，都会将票证放在婆婆手中，并好像不小心一般按按她的手指。那动作像一阵电流通过全身，又像个暗号，连通了两颗懵懂少年的心。

这一切都只有他们两个人知道，一份青春的秘密在心里炸开了锅，她想找人分享，却又羞于启齿，所有甜蜜都一个人独享，太满太满了。

可如果两个人都只是沉迷于这样小小的互动，那故事也就该戛然而止，略显无趣了。

一切转折都出现在他将一封厚厚的信折叠在那原本单薄的票证里，按压手指的力度也较以往大了些。

婆婆意识到里面有秘密，只敢偷偷地转身将那信从票证中抽出藏好,* 动作一气呵成，但不用问也知道她那时一定面颊绯红。

那天收到信后她便装头痛，早早躲进被窝中，查看那封滚烫的信。其实内容很简单，就是约婆婆周六下午到水库游玩，他会在小巷另一头等她。

婆婆虽然只读了几年的书，但爱情小说也是看过的，深知那份情愫已在两人之间产生，这次约会，或许能让她体会到书中那只可意会不可言传的爱情。

《小王子》里写：如果你说你在下午四点来，从三点钟开始，我就开始感觉很快乐，时间越临近，我就越来越感到快乐。到了四点钟的时候，我就会坐立不安，我发现了幸福的价值。但是如果你随便什么时候来，我就不知道在什么时候准备好迎接你的心情了。

我想婆婆当时也是这么想的吧。为了周六那天下午的约会，她翻箱倒柜找了一天，才找到一条有些发白的素色裙子。周六那天，她扎了两条柔顺的麻花辫，满心欢喜地想象心上人对她此番打扮有何溢美之词，她又该如何回答才能既得体又俏皮。

她早早到了小巷的另一头，看见了一个熟悉的背影。他脱下了稚气的校服，穿着崭新的中山装。这让穿着素色裙子的她想扭头就走，毕竟裙子已洗得发白，头发好像也没有梳得特别整齐。幸而他看见了，留住了她，眉眼温柔地要带她去水库逛逛。

像着了魔，她就这么温顺地跟在他身边。那天阳光应该特别好，花儿也特别香，连鸟儿的鸣叫都像是在维也纳金色大厅演奏着世界名曲。一切都应该十分美好，不然婆婆和我描述这些时，不会那么的甜蜜。

那天他们只是绕着水库一圈又一圈地走着，听他讲在学校发生的趣事，哪个老师讲课深入浅出，哪个老师作业布置最多，哪个学生最飞扬跋扈，哪个学生是全班的欺负对象。两人也对未来发表了各自的见解，十分惊奇地发现彼此三观一致到极点，他说到欣喜之处更是手舞足蹈并差点儿跌入水中。谈话间还必须时刻警醒是否有熟识的人路过，以免被人认出被说闲话。

有了第一次，便会有第二次、第三次。明明生活是如此缺乏新鲜的故事，可见到对方时，却有如此之多的话题想和对方探讨，话题越是源源不绝，两颗心便越是贴近。

终于在第十次约会时，他向她坦白，他要去参军入伍，要为国争光，想让她在祖国发展壮大时，等他回来，万里红装迎娶她。她感动得一塌糊涂，跟着他去照相馆拍了那张被婆婆珍藏至今的黑白照片。

我问婆婆："他说了你就信？不怕人家飞黄腾达了之后抛弃你吗？"

婆婆只是摇了摇头，说："我知道他不会。"

这或许就是上一辈人的海誓山盟，约好了，便是一辈子的事。

只是后来的故事，再也不像甜蜜的琼瑶剧了。她仍每天等在小巷口的早点摊，习惯性地为他准备一碗豆浆油条，再等收摊时无奈地自己喝完。

这些家里人都不知道，家人只知道女儿的年龄已经适合嫁娶。东家老王的儿子，西街老李的侄子，南门铁匠的外甥，北巷那个卖杂货的小伙子都是十分合适的人选。但他们都被她一一回绝，理由无二，心里有人了，再装不下第二个。

家里人打骂不行，软硬兼施，但无可奈何，总不能强娶强嫁吧。便只能将此事搁置，这一搁置，五十年都过去了，她没嫁出去，他也没有回来。

3

后来怎么了？我也想问婆婆，因为那天故事只讲到这里，母亲便来喊我回家吃饭。

可是接下来我总是找不到合适的时间，便将时间拖延到了举家搬迁到市区之后。

后来，我听闻老城区要拆迁，婆婆当场躺地撒泼打滚，还哀号着她那负心人怎么到现在还没有回来。原本只是干号，后来却真的哭到不能自已。执法人员无能为力，只得离去。

自此，婆婆不再卖早点，专心守在小巷口。她担心执法人员趁她不在，强拆了这老城区。

幸而老城区被当作景点留了下来，那条旧街旧巷仍具往日风采，我还能找到当初去上学的路。只是近段时间回去时都不见婆婆，问了许多人，都说不见她有些时日了，怕是老去了。

而我实在不想接受这个结局，毕竟我没听到五十年后他回来找到婆婆没有。

但我宁愿猜想，他回来了，带着婆婆，寻回当年的承诺去了。就像是童话故事里的王子和公主，他们去过幸福快乐的日子去了。

男孩儿的秘密花园

刘浩清

大一某节选修课的课堂上，有一个男生，他坐在最后一排，仔细地涂着一本画册。这本画册风靡一时，不过由它掀起的全民涂色浪潮现已平息，如今还在坚持涂画册的人少之又少。倘若遇上一个，那这个人一定是个热爱绘画、痴迷七彩世界的文艺少女。

但是，正在精心涂画册的这个人，他不是个女生，也不是个文艺青年，相反，他是一个不修边幅的普通男生。他留着板寸，穿着黑色夹克棉服和蓝色牛仔裤，褐色的鞋子脏得一塌糊涂。

课上到一半，老师突然拿起花名册点名，男生戴着耳机，听不到老师的声音，所以当老师点到他的时候，他一点儿反应也没有。老师以为他没来，拿起碳素笔准备给他记旷课。还好有人提醒了他，他摘下耳机，慢半拍地喊了声到。老师伸着脖子看了看他，接着点名。

男生重新戴上耳机，他从笔盒里抽出一支蓝颜色的铅笔。铅笔尖贴着画纸游弋，摩擦出"沙沙"的声音，很好听。画纸上，每一个花瓣都开出了颜色。花瓣由宽至窄，颜色渐渐变淡，最后颜色柔得像一滴水，消失不见。密密匝匝的藤蔓上至深色，藏蓝和纯黑的组合缠绵神秘。

男生右手边的铅笔不断增加，它们自然地散落在一边，笔盒不知不觉空了下来。十二色彩铅是市面上最便宜、最朴素的一种，二十四色、四十八色和六十四色包装的彩铅更受广大绘画爱好者的青睐。

男生只有十二色彩铅，但他涂的画册仍旧让旁边的女同学感到惊讶。无论是整体还是每一处微小的细节，他都处理得活灵活现，犹如真的有花朵从眼前这张画纸里绽放出来。

男生略显歉意地从旁边女同学的手里拿回画册，装进背包里。男生和女同学道了别，便一个人走出教室。

男生默默地走在偌大的校园里，刚才那个坐在他旁边的女同学追了上来，跟他打了声招呼。男生侧过头笑了笑，问这位女同学怎么也提前走。女同学笑着说："数学赏析课那么无聊，实在待不下去了。"很显然，对于男生的画册，这个女同学仍旧意犹未尽，她跟男生说："你涂的画册实在太好看了。作为一个大男生，怎么喜欢涂画册？"

男生听到女同学的话，感觉一股清凉的风迎面吹来，在他的鼻翼之下，风似乎带着独特的气味。那种气味很好闻，不过男生形容不出来它。男生跟女同学说："我就是用它打发时间。"实际上，一提到画册，男生就有许多话要说，不过面对着一个不太熟悉的同学，实在不知从何说起。两个人并道走了一会儿，便分开了。

初冬的风有些像是未熟透的果实，吹到身上感觉涩涩的。四下寂静无声，男生抬头看到了干枯的树木，他感觉这些树木涩涩的。男生也说不准这些感官给他带来的感觉，这些感觉涌上脑海，就让他犹如乘上时光机回到了中学时代。

那时候，也是冬天，他也一向是独来独往。校园里的树木和建筑都冷得发涩，空气里弥漫着冬风清清浅浅的味道。准确地说，男生那时候还是男孩儿，他没有恋爱过，更留有初吻，他干净得如同冬青树树梢上的一朵雪。所以他也更孤独，寄宿制的学校里，他一个人吃饭，一个人打水，一个人做所有事情，睡觉的时候，他喜欢像流浪猫一样蜷缩着身子。

他不清楚自己为什么会那么孤独，更多时候他也不会去想，他似乎习惯了那样的生活。

不知什么时候，男孩儿开始接触悲伤矫情的小说。他在不喜欢的课上，把小说明目张胆地放在桌子上读。男孩儿所在的班级是重点班，他的学习成绩一直垫底，老师从来都不会关注他。

男孩儿读的第一本小说的结局，主人公在大雪纷飞的季节跳了楼。男孩儿看完这本小说，去学校的小超市买了一个密码日记本。他开始写日记，有时候写短短几句话，有时候写整整两页纸。日记本不用的时候，便锁起来藏到单肩包里。这个单肩包里，还藏着其他东西，它只有在月底男孩儿回家的时候被用上。

有一天，窗外下着大雪，男孩儿在窗边写日记。男孩儿前面的女孩儿在冲奶茶，女孩儿把奶茶粉倒进装满热水的保温杯里，然后盖上盖子摇晃。谁也没有想到，那个保温杯的盖子突然弹开，滚烫的奶茶霎时间喷洒出来。男孩儿最倒霉，不但衣服被打湿一片，脸还被烫起了泡。男孩儿的日记本也面目全非，他顾不上别的，赶紧拿纸巾吸日记本上的奶茶。女孩儿一边跟男孩儿说对不起，一边拿纸巾擦男孩儿身上的奶茶。男孩儿连连说没关系，几个女同学走上前指责女孩儿，因为女孩儿把她们书桌上的书全搞脏了。女孩儿清理完所有的奶茶污渍，便冲出教室去药店给男孩儿买烫伤膏，忙得连帽子和手套都忘了戴。

第二天就是校文艺会演。男孩儿穿着一双帆布鞋，鞋底磨得爆了皮，他仅有的一件棉衣，上面沾满了奶茶污渍。除此之外，男孩儿的左脸颊还通红一片，两个脓包扎眼地长在上面。

全班同学在舞台上大合唱时，镁光灯晃得男孩儿不敢睁眼，男孩儿张着嘴巴，却怎么也出不了声。女孩儿站在男孩儿旁边，总是侧目看男孩儿，她小声跟男孩儿说了好几次对不起。

文艺会演结束后，男孩儿攥着一百块钱去商城买棉衣。这一百块钱是男孩儿下个礼拜的饭钱。男孩儿走在商城里，一直低着头，他攥着钱的手掌心出了很多汗。当男孩儿终于鼓起勇气抬头挑选衣服时，女孩儿出现在他的面前。女孩儿也攥着一百块钱在挑选棉衣，给男孩儿挑选棉衣。男孩儿不让女孩儿给他买棉衣，但女孩儿执意要给男孩儿买。之前，男孩儿和女孩儿并不熟悉，两个人说过的话总共不超过十句。男孩儿突然感觉很想哭。女孩儿走在前面挑选棉衣，男孩儿跟在女孩儿的后面还是一直低着头。

第二天，年级主任来男孩儿所在的班级听课。男孩儿不敢再看小说，他鸭子听雷般瞅着黑板，时不时低头看一眼自己的鞋子。他感觉自己的鞋很破，感觉新衣服穿着很别扭。

终于有一天，男孩儿在小说里积攒的词汇从思绪复杂的脑海里喷涌而出。他在破破烂烂的日记本上，写了一大段文字，这段文字更像是一个小说。那时，男孩儿还不知道小说的三要素，也不知道写小说需要很多技巧。

男孩儿把这个勉强的小说，给一个人看。这人是坐在他前面的女孩儿，他告诉女孩儿只准看小说，不准看其他文字。

　　小说里，男主角一直穿着破衣服，直到有一天，一个女孩儿给男主角买了一件崭新的衣服。

　　女孩儿看男孩儿写的小说时，男孩儿一直紧张地在草稿纸上乱写乱画。女孩儿看完小说，男孩儿也没敢问女孩儿感觉如何或者写得好不好，虽然他很在乎这些。

　　男孩儿总是在晚自习的时候，站在五楼厕所的窗前眺望远方，每当这时，他都感觉冬天难熬极了，他不知道怎么形容冬天。

　　有一天，他缓缓地站到了窗台上。窗外大雪纷飞，远处的黑暗里亮着灯光。冬风迎面吹过来，涩涩的。男孩儿想起，自己的小说还没有完结。男孩儿跳下窗台，回到班级。男孩儿问女孩儿说："你喜欢我的小说吗？"

　　女孩儿跟男孩儿说："我很想知道故事的结局。"

　　小说完结之后，女孩儿成了男孩儿的好朋友。男孩儿开始在日记里写关于女孩儿的文字。凌乱而又清澈的文字，密密麻麻铺满日记本所有剩下的空白部分。男孩儿再也没有把他那破旧的日记本给女孩儿看过，日记本一直沉睡在男孩儿的单肩包里。

　　男孩儿在中学时代结束的夏天，涂色画册突然间火了起来，男孩儿去女孩儿的城市玩，女孩儿送给男孩儿一册。男孩儿低着头想说什么，却始终没有张口。夏日黄昏的风吹走弥散的热浪，夕阳下，城市柔软得像一片海洋。

男孩儿和女孩儿变成两尾安静的鱼，不用一言半语，仅仅只是吐出一个透明的泡泡，就能让对方明白自己想要说什么。

　　对于其他人来说，涂色画册只是一件普普通通的离别纪念品，可是对于男孩儿来说，它意义非凡。当一场青春完结，当另一个故事下延，当光阴描眉画眼改变了当初少年模样，男孩儿只要一看到它就能想起那个女孩儿。那个女孩儿普普通通，却眼眸澄亮。

　　男孩儿把画册一直带着，它渐渐多了很多颜色，直到男孩儿变成了男生，画册快要开满春天。

　　男生觉得，生活的动力总是微小奇妙的。就像他还是一个男孩儿的时候，一个女孩儿跟他说，我想知道你写的故事的结局。

　　所以，可能每一个男生心里都住着一个男孩儿，而每一个男孩儿心里又都有着一座等待点亮的秘密花园。

时光里的小秘密

7.点先生

1

徐珊珊抬头看了看，确定章清扬已经进了教室之后，她用手在头上大肆挠乱自己的头发，心里想着要把那些恶心的粉笔灰挠下来，不然自己今天晚上一定会睡不着觉的。

可是哪里会那么容易挠掉，不然章清扬也不会轻易往自己头上扔了。所以在想了三分钟之后，徐珊珊还是决定去澡堂洗个澡，毕竟洗完澡后身上香喷喷的才会舒服。

在去澡堂的这段路上，徐珊珊前前后后想了很多，她和章清扬的梁子到底是从什么时候开始结下的呢？具体的时间她也不记得了，只记得不知道从什么时候开始，她和章清扬就像卖馒头的见不得卖包子的，谁让两人骨子里都是那一包面粉呢！

徐珊珊一直不否认老师和父母给予自己乖小孩的爱称，乖巧的她走到哪里都能得到很多人的喜欢。只有章清扬，见她第一面时就指着她的鼻子说："和你这种人坐同桌，我真是倒了八辈子的霉。"然后他就趴在课桌上一动也不动，当时正值老师发放新学期课本，章清扬的声音虽然不大，却足以让周围的同学都听到。

刚刚升入初中一年级的小孩们好奇心都异常强烈，一下子徐珊珊就觉得身边多了十几道目光，她低下头，难堪极了。想哭又觉得丢脸，可是想想自己哪里受过这样的委屈，徐珊珊转过头看着章清扬，在确定章清扬已经睡着了的时候，当下就做了一个后来让自己特别后悔的动作。

"啊！"章清扬抬起一直趴在课桌上的脑袋，没有一丝表情地看着自己胳膊上不属于自己的两根手指和自己紧皱的衬衫。目光直直落在徐珊珊脸上，让徐珊珊不禁打了个冷战。赶紧拿掉自己刚刚狠狠朝章清扬胳膊上掐去的那两根手指，一动也不敢动。毕竟那个时候，作为女生的徐珊珊，还是对章清扬有一点点的惧怕。

章清扬拿起徐珊珊的手，问徐珊珊："刚才是用大拇指和食指掐的吧！"

"哦。"章清扬眼神中的怒气徐珊珊不是看不出来，而是觉得太可怕了，所以连自己说了什么都不知道。

章清扬甩掉徐珊珊的手，一个漂亮的蹬腿就从座位上离开，对着微微有些胆怯的徐珊珊说："大拇指和食指的用处有很多，我会慢慢教给你。"然后就踏着自以为帅气的脚步朝着教室外面走去。

"喂！"徐珊珊回过神，叫了章清扬一声。

章清扬却并没有停下脚步，嘴角挂着诡异的笑容。在经过教室窗户的时候听到徐珊珊的一句话，令他僵在了教学楼的走廊上。

"刚才不只用了大拇指和食指，还用了中指哦！"

徐珊珊恶作剧的笑容在章清扬脑子里一直没有停下，本想吓吓徐珊珊的章清扬决定，他一定不会放过这个女生，乖乖的样子应该是装出来的，不然怎么会比他还能恶作剧。

2

这种状况一直持续到初中二年级，徐珊珊才觉得有点儿不一样了。章清扬不管对自己做什么恶作剧，都不会有同学来拉开徐珊珊了，而是在一边做着诡异的事情——男生会拍手大喊，女生们会围在一边看着徐珊珊，然后互相用手捂着嘴窃窃私语，眼睛里还会带着一丝笑意。徐珊珊却不懂她们在笑什么，依旧用自己的食指和中指在章清扬那已经被自己掐红的胳膊上继续施虐，而章清扬则继续会用手揉乱她的头发，谁让她那么喜欢自己一头乌黑的长发呢！

后来徐珊珊知道这个原因的时候，还曾对章清扬大发雷霆，"你真是有病，因为是别人所喜欢的东西所以去破坏，你肯定是嫉妒我，而你自己没有长头发……"

话一说出口，徐珊珊就后悔了，明显听到同学们都已经快笑到天上去了，谁不知道章清扬的头发保养得比女生还要好，所以章清扬理所当然地把手放在徐珊珊的肩头，说了一句耐人寻味的话："谁让我还是问题少年呢！"

这个徐珊珊倒是知道，就算是她不想知道也不可能。章清扬除了最爱找她的麻烦，还经常和同学打架，有一次，她亲眼见到章清扬一脚踹了隔壁学校的一个男生，听说是为了一个女生。就在徐珊珊准备询问章清扬的时候，却看到章清扬在夕阳下走路一瘸一拐的背影。徐珊珊不得不承认，虽然平时章清扬是很讨厌的，但是这个时候的章清扬看起来格外令人心疼。

手机在口袋里发出的嗡嗡声震动着徐珊珊的耳膜，掏出来的时候上面显示的短信发件人是章清扬，小心翼翼地按下"确定"键，徐珊珊只看到了一句话：只有我干净而清爽的短发才配得上你的一头长发。

嘴角轻轻弯起，徐珊珊终于知道章清扬为什么喜欢弄乱自己的长发，也知道章清扬为什么最喜欢打理自己好看的短发。这种所谓喜欢的心情，早在很久以前就存在了。

3

或许，早在班上同学们的拍手和窃窃私语中就已经有了喜欢的心情，只是那个时候还没有发觉而已。可是现在也不迟不是吗？因为单纯，所以徐珊珊固执地认为就这样可以体会到青春的味道。

于是徐珊珊开始害羞，好像经过了那一天之后，自己再也不能和章清扬像以前那样在一起打打闹闹了。看到章清扬就会害羞得不知所措，甚至会脸红。只是章清扬再也没有和徐珊珊说过一句话。

徐珊珊原本以为，章清扬会像电视剧中上演的那样牵着自己的手走在学校的走廊上，可是章清扬却没有再给徐珊珊这个机会。

直到那个夏日的午后，徐珊珊听到章清扬母亲疯了的消息，才明白原来这个就是章清扬一直装作对什么都不在乎的原因。听说是因为受不了章清扬爸爸车祸死去的打击，所以疯了。

其实谁都知道章清扬的爸爸在他出生的那年就因为车祸而逝世，只是他妈妈的记忆一直停留在那之前，终究还是受不了了。

而这些谁都知道的事情，徐珊珊却不知道，一点儿也不知道。徐珊珊不是八卦的女生，所以从来没有问过章清扬关于他的家庭。

从来不知道，章清扬要从小就负担起妈妈和自己的生活费和学费。从来不知道，他成为问题少年是因为想要变强不受人欺负……

而知道这些的那一天，正是初二年级最后一个学期的期末，徐珊珊和妈妈去了一趟疗养院。

4

其实你一直都是好孩子，我却不知道。我从来不知道坚强也可以用在你身上，只是，章清扬，我们始终距离太远。我永远到达不了你的世界。因为我不能坚定自己，我不能让你妈妈伤心。你是他唯一的亲人和依靠……我不能夺走她的幸福，我想你幸福。章清扬，把徐珊珊当成一个扰乱你生活的女生吧……

这是徐珊珊离开的时候，给章清扬信中的一段话。那天下午和妈妈一起去疗养院看章清扬妈妈的时候，放在他妈妈枕边的一封信。通过妈妈才知道，疗养院和社会各界人士给了章清扬母子很多帮助，所以她安心地和妈妈一起离开，搬去爸爸工作的地方。

因为那个时候徐珊珊才明白，这个世界上有一种幸福不是她所谓的喜欢就可以给予的，亲情的幸福是她永远无法带给章清扬的。

更何况，这个世界一直都有爱。

徐珊珊相信，只要章清扬感受到爱，就会卸去问题少年的称号。他漠视一切的背后是脆弱和孤独的内心。只要章清扬努力，有一天也会成为被老师和同学表扬的好孩子。

确实，章清扬变成了好孩子，变成了老师和同学们口中的好孩子。但是徐珊珊永远也不知道，章清扬在看到这封信后，跑到她家用手一直敲门的样子，直到最后累了才离开的背影。徐珊珊永远都不知道，章清扬在每个不想要坚持下去的时候，都会闭上眼睛想到她的一头长发，然后继续努力坚持，他大概想如果还能见到她，一定要以最棒的样子。

而这个徐珊珊自以为是的最好的结局，却成了章清扬永远没机会说出口，藏在时光里慢慢发酵的小秘密。

栀子花少年的秘密

冰舞步

初遇纯白，四季晴空邂逅那个栀子花少年

多年以后，纪颜在四季里遇见到不同的人，可是没有一个人能够带给她纯白的气息，像是等待春天的栀子花，它在某一个角落安静地扎根。然后，会在某一天终于遇见一个人，怀着憧憬，看着它向着阳光一寸一寸拔节茁壮，带着丝丝绵延的缠绵，低眉顺眼地等待它绽放。

纪颜还记得，她是从考上高中的第一个月后开始注意到那个少年的。

彼时，每天清晨她总是会在晨曦第一缕流光突破渐次稀薄的云彩时走出家门，然后坐着公交车沿着城市的脉络从西北角转到东南角。

　　她从第一天起就发现，在自己坐到第七站的时候，总会随着人流熙攘走上来一个抱着白色栀子花的少年，他长得很清秀，如同他怀里那束占据了他整个胸膛的栀子花一样，带着纯净清澈的气息。

　　眉目安静，唇角总是淡淡地蜿蜒出一抹月牙形的笑意，温柔得恰到好处，像是春季的明媚。他经常穿着一身剔透无瑕的白色衬衫，当他经过纪颜身边的时候，总是会有淡淡的栀子花香伴随着阳光的气息一同扑鼻而来。

　　这个时候是最早一班的早班车，所以通常情况下车上都还会有很多空位，然而少年却从来不坐，只是安静地站在最后一排，也不抓扶手或者栏杆之类的支撑物，只是小心翼翼地呵护着怀里那束如火如荼盛放一身纯洁的栀子花。

　　偶尔，他一直落在怀里的目光会抬起来，似乎不经意地抓住了纪颜肆无忌惮偷窥的目光，然而在纪颜脸颊上一朵朵绯色桃花还来不及蔓延上耳根的时候，他却扬唇朝纪颜露出一个比他怀里绽放的栀子花更灿烂纯澈的笑容，眸里也一同流泻出星辰般的流光万千。

　　纪颜的心脏比平常更快速地跳动着，仿佛在那一瞬间，她听着了心尖处蔷薇细碎盛开的声音，然而却不敢再抬头，只能把脸颊处那无法掩饰的桃花一寸寸掩饰似的藏进怀里。

　　纪颜是在离终点站还有五站的路程下车的，每次下车后她总是会站在笔直得看不到尽头的香樟树荫下张望，看着公交车在晨曦流转的绿色树影下绝尘离去的影子，那车身处落下的阴霾似乎也一同落进了她心底，她径自呢喃自语："你究竟是去到哪里呢？"

我会永远相信，你是无与伦比的美丽

学校门外转角那家新开的蛋糕店在街头散发出阵阵香气的时候，纪颜正怅怅地站在香樟树荫下看着许诺和一个女生并肩而行的模样，他们一起相携着走进那家门口装潢成漂亮糖果形状的蛋糕店。

不一会儿，便面对着面坐在餐桌旁，女生手里捧着一个刚出炉的慕斯蛋糕，一边吃一边将叉子叉起一块蛋糕亲昵地喂到男生嘴里。

纪颜看得心底发酸，却也只能将双手握紧成拳攥出满掌的寂寞。许诺是纪颜在新学校第一个认识的人，眉眼温良，是学生会会长，女生心目中最完美的白马王子。自然而然，这样的男生对自己主动示好，纪颜是根本毫无抵抗之力的，而且，每次见到许诺，她总会不由自主地想起那个每天清晨在公交车上看见的少年，他们的身上都有着相似的阳光。

可是奇怪的是，最近连续两个星期，纪颜都没有再见到那个少年。

"不过一个破蛋糕而已，有什么了不起的？吃得那么高兴是故意装给谁看啊？"于是在纪颜经过那家蛋糕店的时候，带着点儿酸葡萄心理，她不由得将整张面容压在透明得一尘不染的橱窗上，刻意将五官挤压得扭曲变形，然而里面的两个人吃得兀自高兴，压根没有注意到玻璃窗外的她。

就在纪颜自觉没趣准备打退堂鼓时，却听见一道温润如风的少年的嗓音清澈响起，"你好，欢迎光临，这是本店的招牌蛋糕，提拉米苏，幸福的味道，想品尝一下吗？"

侧回头，竟是两个星期未曾再见的面容，少年手里小心翼翼地捧着一个有点儿烤煳的烘焙蛋糕，轻如蝉翼的阳光透过头顶的香樟树荫斑驳点染在少年的皮肤上。他朝自己微微笑着，漂亮的唇形连带着眼角上扬成美丽的月牙形，纵然此刻穿在他身上那件粉红色Kitty猫围裙怎么看怎么好笑。

幸福的味道，你想品尝一下吗？

仿佛是被这句话给瞬间俘获了，纪颜按着蓦然小鹿乱撞不听使唤的心脏，暖暖的暧昧从心尖处沿着四肢流散开来，仿佛一场繁花如锦的蔷薇迎着季风的温暖缤纷盛开。

那一瞬间，纪颜觉得她的幸福就在手边伸指可及。

长长的路尽头，是一片满是星星的夜空

可是却没有想到，在纪颜满怀着幸福的期望一口一口慢慢吃掉那个味道有点儿奇怪的蛋糕时，一向比较敏感的胃马上提出抗议，迫不及待地奔腾着欢喜和雀跃想要挣扎出来。

结果整整拉了一个星期的肚子，可是却也因祸得福，因为每天清晨的公交车上又会出现少年的身影，这次不再是纪颜落寞地望着香樟树下的少年随着公交车一起呼啸而去的身影。而是少年会与纪颜一起下车，隔着三条街跑去排长长的队伍买纪颜最喜欢的绿豆口味豆浆，说是为了感谢纪颜在他辞了花店工作，第一天到蛋糕店上班已经遭遇了无数次拒绝时，她却赏光地吃了那个无人愿意尝试的失败品。

纪颜自身前看着苏白飞奔而跑的身影，香樟树荫罅隙里金色流转的细碎晨光中，浅褐色的发丝安静地飘浮在空气里，落下柔软而热烈的弧度。掌心是紧贴着少年的温暖，那与自己天生的低温不同，那双手心总是温暖如春，仿佛可以将生命里所有的阴霾与冰冷一同赶走。

而中午放学的时候，纪颜总是会跑到蛋糕店的橱窗前，透过透明的玻璃朝里张望，这个时候通常是店内最忙碌的时候，她会悄悄跑进去安静地坐在靠窗的角落，看着

苏白在店内忙碌不休的身影。

　　而苏白亦会不时抽空跑过来，双手会捧着一个热烘烘刚刚出炉的金黄色蛋糕，每一个蛋糕中间都会有夹心，有时候是浓黑的巧克力，有时候是香醇的烧仙草，苏白总是对纪颜神秘地眨眨眼，"不要让店主知道哟，这是我特别赠送给特别的人的。"

　　特别的人？听着这四个特别的字眼儿，纪颜还未将那甜蜜的蛋糕吃进嘴里便已经心口含香。虽然她不知道，少年是不是如她那样心怀锦绣，可是就如他所说，他们都是彼此生命里特别的人。

　　就像一直以来自己一个人走过的香樟树荫，那些年华一点一滴刻印下青春的长长街道，路的尽头处，盛放了一片满是星星的夜空，所有的黑白顿时变成了绚丽的七彩。

提拉米苏，请你记得带走我

　　店庆的时候，蛋糕店里特别往外派发了无数的提拉米苏蛋糕，每一个都刻意做成了心的形状，中间放着一颗大大的糖果做成的红色草莓，色彩鲜明，代表了爱情的甜蜜与热烈。

　　纪颜看着站在店里面忙得焦头烂额的苏白，也帮着他一起派发蛋糕收拾餐桌，今天来的情侣显得特别的多，他们相携着坐在放着轻音乐的蛋糕店里，一边品尝着提拉米苏的松软香甜，一边浓情蜜意地看着彼此。

纪颜斜倚在桌前带着嫉妒的目光望着他们的时候，苏白走了过来，亲昵地捏了一下她的鼻尖，"你知道为什么情侣们都喜欢吃提拉米苏吗？因为提拉米苏有一个美好的寓意呢，它是意大利的经典甜点，它有咖啡的苦、蛋与糖的润、甜酒的醇、巧克力的馥郁、手指饼干的绵密，多种滋味完美地交融在一起，如同人的青春与爱情。所以喜欢它的人才会那么多，而且其中又以情侣居多。"

"再悄悄告诉你一个秘密吧，提拉米苏还有一个美丽的寓意——请记得带我走，那是情人之间最大的愿望吧，如果能有这么一个人，亲手为自己烘焙一个蛋糕，那是多么甜蜜而美妙的事情。"

苏白说这些话的时候，他温柔地望着眼前的女孩儿，唇角微微地笑着，弯成美丽而温柔的月牙形，在空气里婉转而舞的流光带着温暖轻盈的金色点染在他长长的睫毛上，挂满了明媚的阳光。

在那一瞬间，纪颜就决定自己一定要做一个蛋糕送给心爱的人，以这样的方式告白，带着女孩子秘而不宣的羞涩，聪明如他，应该明白吧。

倘若你爱我，请记得看着我的眼睛告白

因为计划着为心爱的人做一个最甜蜜的蛋糕，所以那

一个星期的日子变得特别繁忙，由于害怕计划会不小心地泄露出去成为公开的秘密，纪颜特地到蛋糕店的时候避开了苏白的上班时间，而是在看着他下班离开后偷偷地跑进蛋糕店，死缠烂打地央求店主教她做提拉米苏。

每次一个人站在厨房里烘焙蛋糕的时候，纪颜安静的脸颊上总是会绽放出一片繁盛的桃花，幻想着苏白收到蛋糕时的神情，那是一段女孩儿青春里不可言说的心事，却只诉予这一个特别的人听，如同凤凰等待的那场涅槃，带着蔷薇花开的坚定，期待着迟早换得一场传奇。

在故意避开了苏白的第十一天，纪颜特地在他下班的时间等在他必经的路口，双手捧着那个她经过无数次失败终于成功的蛋糕，小心翼翼的神情，仿佛掌心里合拢的是整个世界。

望眼欲穿地站在香樟树荫下等了将近一个小时，才看见苏白从里面慢腾腾走出来，在纪颜兴高采烈迎上去的瞬间，却看见一个女孩儿从店内飞奔而出的身影，将一个装饰漂亮的提拉米苏放进他掌心，然后亲昵地摸了摸苏白飞扬在微风里柔软的发，眉目安静，唇角如花。

纪颜站在原地看着女孩儿像只快乐的小鸟雀跃着折回店里的身影，不自觉地眼睛有点儿发涩，可是却还是鼓起勇气在少年经过自己身旁的一瞬间，叫他的名字："苏白！"

然而令纪颜吃惊的是，少年的脚步顿也不顿，置若罔闻地穿过被香樟树影笼罩的纪颜。

脸色顿时如同被乌云浸没的天空那般灰白，纪颜咬了咬霎时变白的唇，再次鼓足勇气放声喊："苏白，苏白!"可是少年依旧脚步不停，沿着香樟树荫一步一步地向前走，只留给纪颜一个冷漠的背影。

于是再也没有勇气追上去，掌中的提拉米苏啪的一声自手中滑落，蛋糕顿时四分五裂，砸出一地的悲伤。

慢慢地蹲了下去，身体忍不住在这炎热的夏季颤抖了起来，纪颜双手捂着脸蹲在香樟树荫里，仿佛是在一瞬间被那片绿色的阴霾给全然覆盖似的。她把自己缩成小小的一团，用袖子堵住嘴巴，小声压抑地呜咽了起来，合拢遮挡眼睛的五指间不断地有细碎的流光滑落，积成满满一洼，仿佛是想将整个世界淹没在一片汪洋里。

没多久纪颜转了学，给父母的理由是，从家里到学校是几乎穿越过整个城市的距离，学习压力越来越重，她再也没有心力奔赴。

阴差阳错的过往，这是藏在提拉米苏里的秘密

路过学校附近那个时时传出诱人香味的玻璃屋的学生都知道，这个蛋糕店里最出名的就是提拉米苏，而做提拉米苏最好的则是那个穿着粉红色Kitty猫围裙的少年。

来这里的顾客都知道，每一个提拉米苏里都会藏着

一颗红色草莓糖果，红色的草莓形状像一颗热烈跳动的心脏，上面用小刀刻着一个人的名字，纪颜。

于是有人忍不住好奇地问店主，为什么每一个提拉米苏的心里都会有一个名字？

店主告诉大家，他的店里有一个男孩儿一直在寻找和等待一个叫纪颜的女孩儿，在很久之前，那个女孩儿一直在央求自己教她做提拉米苏，说是想给心爱的人一个惊喜，可是店主却违反了他们之间的约定，因为他悄悄地把这个秘密告诉了男孩儿，男孩儿就决定在女孩儿向他告白的同一天给女孩儿一个惊喜，他也做了相同口味的蛋糕，他还准备在那天告诉给女孩儿提拉米苏的另一个含义，那就是：我一直在沉默地爱着你。

可是店主却忘记了告诉那个女孩儿，男孩儿在很多年前就因为一次意外失聪，他听不到这个世界的任何声音，可是他却通过眼睛来观看这个美丽而绚丽的世界，虽然身有残疾，可是他脸上却自始至终带着明媚的笑容。除了店主以外，几乎所有人都看不出这个男孩儿与常人有何不同。

后来他学会了唇语，所以别人说话的时候，他永远都是带着淡淡的微笑专注地看着别人的唇。所以当你跟他说话时，请也一定要看着他的眼睛，因为他只有通过眼睛，才能知道你在说些什么。

男孩儿一直在等待着那个不知为何莫名消失的女孩

儿回来，他把她的名字刻进每一个提拉米苏的心里，这样品尝过它的人就会把这份甜蜜带到城市的每一个角落，期待着某一天，某个人遇到了这个叫纪颜的女孩儿，然后帮他，把这个秘密告诉她。

　　提拉米苏，我一直在沉默地爱着你，请你记得带我走。

秘　密

张宇恒

我告诉你一个秘密

学校典礼刚过，洛小雪就被许诺拉到了学校礼堂后。许诺左看右看，神神秘秘的样子让洛小雪也跟着紧张起来。确定周边没有人，许诺才凑到她耳边轻声说道，阿雪，我告诉你一个秘密，你可不要告诉别人哦……

洛小雪记得很清楚，那天正赶上洛城下第一场雪，细碎的雪花裹在风里，点点晶莹，将许诺有些泛红的脸颊衬托得越发美丽动人起来。

看着许诺闪闪发亮的眼睛，洛小雪恍惚想起了那个被她藏在内心深处，早已生根发芽的秘密。她没有许诺那样的勇气，所以，她也不敢将那个秘密宣之于口。

以前，是不敢，而现在，是不能。

所以，当许诺抱着她的手臂苦苦哀求，请她帮忙时，她只能点头。

许诺喜欢白苏

许诺喜欢白苏。

洛小雪夜里睡不着，满脑子翻来覆去都是许诺说起的这个秘密。她想起了许诺第一次见到白苏的情景，是在学校图书馆前的广场上。她跟许诺抱着书从图书馆出来，正好看到白苏在人群中间跳舞，大家拿着点燃的蜡烛围着他绕成了圈。弯腰，旋转，跳跃，他将舞步生生踏成了一幅美人图。

洛小雪一直知道白苏舞跳得极好，当她真正看见时，仍然止不住惊艳。那一晚，洛小雪躺在床上整夜没有闭眼，同样整夜没有合眼的，还有许诺。

第二天，许诺就开始到处打听关于白苏的事情。

白苏，土木工程系，高她们一届的学长，也是学校舞蹈社的社长。昨晚那场舞，是他们为受灾地区组织募捐跳的祈福舞。虽然白苏的专业是理科，却是学校里才貌双全的名人。

才貌双全是形容女生的吧。洛小雪想起了她当初听到白苏说起这个称谓时，笑得前仰后合的画面。可是当她回神看到许诺兴致勃勃地说起关于白苏的种种传闻时，她忽然没有勇气告诉许诺，她跟白苏，早就相识。

那还是她在读高中的时候。

冬日里的少年

高中寒假，洛小雪在旅行社找了份兼职，第一个任务就是去火车站接人。她高高地举着标示牌，生怕别人看不见。

一列火车刚刚到站，人们推搡着，纷纷朝出站口涌来，空气里到处都飘散着疲倦的味道。只有白苏，拖着行囊，不紧不慢地跟在后面。大红的毛线围巾一圈圈缠住脖子，悠闲的样子在熙攘的人群中格外扎眼，像是镀着一层光，在冬日的阳光里熠熠生辉。

那是她第一次见到那个叫作白苏的少年，随着少年的到来，冷了许久的景城，终于开始下雪，接连下了三天。

第四天，雪停了，洛小雪敲开了白苏的房门。

白苏这次过来，是为了完成学校的一个社会实践报告。报告的内容就是关于景城月鹿山上原始林木规划的优劣性。月鹿山上有很多名贵的老木，洛小雪不懂林木，但她听到白苏说起那些树木时，仿佛看到另外一个月鹿山。

白苏一棵树接一棵树地往前摸过去，洛小雪就在后面一路地跟。轻飘飘的雪花簌簌地落，空旷的树林里，只有

他们一前一后的身影。洛小雪对这画面有些痴迷，不知不
觉忘记了来路，只是一直跟着白苏，仿佛要走出亘古的感
觉。

直到她听到白苏的惊呼，才猛然意识到，他们已经走
出了保护区。

白苏不小心踩到了藏在腐叶中一条正在冬眠的蛇，那
蛇速度很快，一口咬上白苏的腿。

洛小雪来不及跑到白苏身边，就眼睁睁地看着白苏沿
着树干慢慢倒了下去。

心里落满了雪

洛小雪急得快要哭了，白苏腿上渐渐红肿发黑的伤
口刺激着她的神经，她想都没想，低头吸吮上了白苏的伤
口。她的嘴唇很快就开始火辣辣地疼，眼见着天色越来越
晚，白苏身体开始发热，她咬咬牙，将白苏背了起来。

那天，洛小雪不知道自己是生出了怎样的勇气，才能
生生把体重几乎是自己两倍的白苏背回景城的。

回到景城时，已经是半夜。她背着白苏到达景城唯
一一家医院，亲眼看着白苏被护士们推进急救室时，才终
于体力透支，晕了过去。

等洛小雪再醒来时，发现自己手上挂着水。她急急地
扯下还滴着药水的针头，拉住护士就问白苏的情况。得知

白苏的蛇毒因为清理及时，并没有危及生命时，才重重呼出一口气。

她摸摸自己的嘴唇，发现肿得比吸蛇毒的那一天还高时，忍不住哭了。可是哭到最后，她又笑了，还好白苏没事。

洛小雪不敢以这副模样去见白苏，于是每天都会请查房的护士虚掩住白苏病房的门，站在门外偷偷地看。她总是找各种理由拒绝跟白苏见面，明明想见，却不敢出现。

白苏走的时候，景城又落了一场雪，鹅毛似的雪花飘摇而落，那个少年长身玉立，戴着火红的围巾站在火车前，因为冷所以不停搓着双手，上车的前一秒，他似乎回头了，眼睛四处扫了扫，写满了落寞，背过身离开了。

直到那个时候，洛小雪都没有站到他面前，她只是戴着帽子，用围巾捂住半张脸，躲在月台的廊柱后一直悄悄地看，看到白苏回头时，她有一种想飞奔过去的冲动，可是摸摸红肿的嘴唇，她又生生遏制了那份冲动，眼睁睁地看着少年离开。

洛小雪明明将自己裹得很严实，可心里，却还是落满了雪。

原来，她也可以这样美丽

新年到来的时候，署名白苏的包裹也随之而来。

洛小雪惊喜地看到其中竟然有一张照片，细雪微落，她站在一棵老树下，表情很空蒙。那样的自己，竟然是她从不曾见过的模样。

原来，她也可以这样美丽。

白苏在照片的背后写了一句话，所谓伊人，宛在树中央。白苏在信里写，"希望明年，能在洛迦学院见到你。"

洛小雪将这句话当作了约定，她忽然有了勇往直前的动力。她开始拼命地学习，拼命地为去洛迦学院而努力。等她真的拿到洛迦学院的通知书的那天，她第一个想到的，就是给白苏回电。

洛小雪握着话筒，听到少年熟悉的嗓音的那一刻，像是又回到了那个冬日的火车站旁，她似乎看到少年越过人群朝她款款走来。

她笑了笑，说道："白苏，这次轮到你来给我当导游了吧？"

可是九月份开学时，白苏却失约了。洛小雪站在洛迦学院的正门前，看着人来人往，有些不知所措。她为了这次的重新相遇，甚至拒绝了父母的保驾护航。

那个时候，是许诺蹦蹦跳跳地出现，自来熟地拉着她的手一路絮絮叨叨交代入学事项，带着她顺利办完了入学手续。在往后的大学生活里，许诺也给了洛小雪很多诸如此类的帮助。

理所当然的，她们成了大学里最好的闺蜜，分享着各自的小秘密。可是唯独关于白苏的这一段，洛小雪始终只字未提。

一个人的小秘密

白苏后来找过洛小雪，那个时候，洛小雪才知道，白苏的失约，是因为他恰好被学校安排到临市去参加公演。为了补偿她，白苏每周都约她出去，带她熟悉洛城，熟悉洛迦学院。

洛小雪跟着白苏逛遍了洛城的大街小巷，有时候玩得晚了，搭不到公交车，便会一起走回去。洛迦学院前面有一条种满梧桐的街道，缀着零星的街灯，会将他们俩的影子无限拉长。

洛小雪看着地上的影子分分合合，会偷偷地傻笑，有时候也会跳几步，在影子即将要分开时，又让它们融在一起，那是独属于洛小雪的小秘密。

可是如今，许诺告诉她，她喜欢白苏，要向他表白，并向洛小雪寻求帮助时，洛小雪根本无法拒绝，她不知道该如何开口告诉许诺她跟白苏之间的关系，她并不想失去许诺这个朋友。

这道选择题太难，洛小雪第一次有些恨自己不够勇敢。

电视里那些失意伤怀的人都喜欢借酒浇愁，于是，她也去学校超市，买了几瓶颜色看起来很好看的酒。她毫无形象地坐在图书馆前面的空地上，果酒一瓶一瓶地开，那味道甜甜的，像汽水，喝到最后却全是苦涩。从来没喝过酒的洛小雪，那一晚喝得酩酊大醉。

洛小雪醒来的时候，头疼欲裂，躺在宿舍里分不清东南西北。许诺正好拎着醒酒药和白粥回来，满脸关切。洛小雪看着许诺，心里就像是被谁狠狠揍了一拳，闷闷地疼，她想，要不就把白苏让给许诺吧。

于是，她哑着嗓子对许诺说，你不是想给白苏告白吗？过几天是他的生日，要不你去试试？

少女的祈祷

许诺拉着洛小雪给白苏选礼物。在洛小雪暗自懊悔了一万次的时候，许诺牵起一件粉色的裙子，笑着问她："你说白苏会答应我吗？"

商场里灯光璀璨，许诺脸上笑容明媚。许是戴美瞳的时间太长，洛小雪只觉得眼睛刺痛难忍。她艰难地点点头，趁着许诺去试衣间的时候，背转身揉着眼，却怎么揉都不管用。心里的秘密发酵成眼泪，将洛小雪的心淋得湿透。

只是许诺的精心计划却被意外打乱。

　　整个舞蹈社都要一起为白苏庆祝生日，还只能凭借邀请卡入场。看着许诺着急地四处打听的样子，洛小雪鬼使神差地将白苏给她的那张卡藏在床垫下。

　　如果没有邀请卡，许诺是不是会放弃告白？洛小雪这样想着，心里竟生出了小小的得意，这得意很快被罪恶感取代。她忽然觉得，自己变得有些不像自己了，她有些害怕这样的自己。

　　白苏生日那天，舞蹈社提前向学校申请了一个礼堂。他们在礼堂里挂满五彩缤纷的气球，布置了一个大大的舞池，他们将白苏围在中间，热闹异常。

　　洛小雪站在角落里，看着他们笑，嘴角也跟着扬起了笑容。白苏冲着她招招手，她在对上白苏那双星辰般闪耀的眼眸时，反而想起了没有邀请卡的许诺，罪恶感将她压得几乎透不过气来。

　　就在这时，全场的灯光陡然灭掉了，司仪的声音漫过话筒，回荡在整个礼堂里，他的声音充满了蛊惑性，他说："下面，是我们给白苏准备的一个特别节目，请大家一定要仔细听哦。"

　　紧接着，一束追光打在了礼堂里放着钢琴的那端，有人端然而坐，粉色的裙摆垂在琴凳旁。

　　洛小雪死死地盯着钢琴旁的少女，脸色煞白，许诺终究还是来了。

　　追光下，少女抬起皓白的手腕，按下了第一个琴键，温柔的钢琴声随之倾泻而出。音符轻快，如同跳跃的精灵。

洛小雪竟从不知道许诺还会将琴弹得那样好。原来，她们之间也并不是完全的坦诚。

"这是巴达捷芙斯卡的《少女的祈祷》。"不知道是谁在黑暗中低呼，舞蹈社人人都知道，这是一首少女表达爱意的经典曲目，全场唏嘘不已。

琴声结束，少女含羞带怯，像一株盛放的花蕾，她说："学长，你喜欢跳舞，我便愿意为你弹琴。"

"哇哦！"大家吹着口哨，兴奋地起哄，"在一起，在一起，在一起……"雷鸣般的鼓掌声，几乎要将整个礼堂给掀翻。

洛小雪就在那样轰烈的掌声里落荒而逃。

两个人渐行渐远

那天，许诺回来得很晚，她看到洛小雪时有一瞬的怔愣，可很快，她就换上了一脸兴奋，朝着洛小雪飞扑过去，"阿雪，阿雪，我成功了，没想到，我真的成功了。"

洛小雪木然地望着许诺，根本没有察觉到她的异样，本想开口祝福她，可终是说不出那些违心的话。于是她轻巧地挣开许诺，随意找了个借口便爬上了床。

往后的许诺，快乐得像只麻雀，叽叽喳喳叫个不停，每时每刻聊的几乎都是白苏。白苏对她怎样好，白苏又给她买了什么，白苏又带她去了哪里。

那样炫耀的语气，像针，一根根分明地扎在洛小雪的心上，将她扎得千疮百孔，她渐渐有些害怕面对许诺，害怕看到她那幸福的样子。

洛小雪变得越来越沉默，她的秘密化作藤蔓，将她紧紧地包裹起来，遮住了她的眼睛，封住了她的耳朵。她时常望着窗外发呆，一整天不说一句话。她也就无暇关注，许诺越发怪异的行径。

夜里睡不好，总梦到第一次与白苏相遇的场景。白色的雪花，大红的围巾，少年干净清澈的眼睛。只是，她怕是再也看不到了。

与此同时，许诺出现在宿舍的时间也越来越少，每次回来，也总会遇到洛小雪刚好要去图书馆。那么多刚好，变成了两个人的心照不宣。不知道从什么时候开始，她们开始互相疏远，明明住在同一个宿舍，却渐渐形同陌路。

白苏后来找过洛小雪几次，给她打电话，她都拒而不见。她不明白，白苏为什么还会来找她。她也不知道，自己该以什么样的姿态去面对他。

连续一段时间失眠，化学课上，洛小雪因为太累，没拿稳试管，试管摔落在流理台上，腐蚀性液体溅了她一身。虽然穿着防护服，但手臂还是被遗漏的液体灼伤了一大片。她被同学送去医务室的时候，许诺就站在门边，表情说不出的怪异。

洛小雪终于忍不住号啕大哭起来。她想，她跟许诺的友谊，也许就要走到终点了。因为受伤要修养，她找到一个极好的借口，从宿舍搬了出去。

洛小雪搬走的那天，大雨滂沱，许诺正好跟朋友外出旅游，她也就省了矫情的告别。她走出楼道，就看到了门口满脸焦急的白苏。许久未见，白苏似乎又瘦了，眼睛反倒是更加清亮了。

洛小雪这样想着，声音干涩地开口道："白苏，好久不见。"

白苏上前一步想接过她的行李箱，给她撑伞，她偏了偏头，躲了过去。

"谢谢，我自己来。"洛小雪礼貌地拒绝。

白苏张张嘴，欲言又止，最后还是什么都没有说。只是沉默地一步一步，跟在洛小雪身后。

雨滴打落在地面上，溅开一朵又一朵的水花。洛小雪踏着水花，恍惚想起了在景城月鹿山上的时光，只是那个时候，白苏走在前面，她跟在后面。

相似的场景，却是完全不同的心境。

她深吸一口气，转过身面对着白苏说道："白苏，你跟许诺，很合适。"她将这些话说完，便头也不回地大步朝外走去。

白苏在身后喊，她却不敢回头，她害怕她一回头，白苏就会看到她脸上止不住的眼泪。

所以她也就没有看到，身后白苏脸上惊愕的表情。

意外的发生

等洛小雪再次回到学校，手臂上的伤已经好得差不多了。恰逢学校组织活动，几个班级一起出游，白苏自作主张地帮她报了名。

出行那天，连续几天大雨正好放晴，白苏坐在洛小雪身边。洛小雪有些讶异许诺的缺席，却也知道自己不该在这个时候提问，于是安静地坐了一路。倒是白苏，兴致极好，一直跟她讲着学校近几日的趣闻。

到达目的地，白苏便拉着洛小雪爬山。也不知道爬了多久，洛小雪累了，找了一处稍微平坦点儿的陡坡休息。

面前山林起伏，绿意盎然，洛小雪欣喜异常，连日的阴霾一扫而空，忍不住靠着山崖边的护栏对着空旷的山谷大喊。

连续被大雨冲刷得有些松动的护栏在洛小雪倚靠下愀然断裂，洛小雪惯性地向前倾倒，没想到，白苏以更快的速度抓住了她的手，他跟着洛小雪沿着陡坡滚下去。滑落的瞬间，白苏还不忘牢牢将洛小雪护在怀中。

那一刻，洛小雪忽然觉得，能这样死在一起也不错。

很快，他们就被后面的专业的救护人员发现，最后一起被送入了医院。

白苏昏迷，洛小雪倒没什么大碍。只是当她看到白苏被绑得面目全非高高吊起的右腿时，吓得说不出话来。

同行的同学说，他们爬过的地方虽然不高，但坡体上很多碎石，他们就是在这些碎石的摩擦下停止下滑。她被护在白苏身下，身上多处破皮流血，而白苏的腿则磕在了一块尖锐的石头上，石尖没入了膝盖，失血过多才导致昏迷。

许诺慌慌张张地冲进来的时候，洛小雪正哭得忘乎所以，许诺满脸歉意地抱着洛小雪，一个劲儿地说着对不起。

那些晦暗不明的秘密在许诺断断续续的话语中渐渐浮出水面。

当秘密不再是秘密

白苏告诉了洛小雪最好的朋友一个秘密。

这个秘密就是，他准备在生日那天，向洛小雪表白，他请求那个叫作许诺的女孩儿帮助他。

许诺知道这个秘密后，便将这个秘密告诉了洛小雪，只是秘密的主人公换成了她自己，因为她也喜欢白苏。

白苏生日的那晚，洛小雪跑了，所以洛小雪也就并没有看到白苏拒绝了许诺的画面。可是许诺知道，所以她对着洛小雪撒了一个弥天大谎。

起初，她只是想小小地报复一下，等看到洛小雪受伤时，她惊慌失措，她不知道，该如何再面对洛小雪，所以，她选择了逃避。当白苏再次找到她的时候，她知道有些事避无可避。所以她答应白苏，一定会向洛小雪解释清楚。

白苏会带着洛小雪出游，也是她的主意，她想帮助白苏完成一次真正的表白。只是她也没想到，会发生意外。

秘密使人嫉妒，使人盲目，使人胆怯，使人有了软肋，使人握住了利剑。

洛小雪想起了昏迷前白苏说的那句话，白苏说的是，洛小雪，我只喜欢你。

那些在洛小雪心中尘封已久的秘密，在白苏睁眼的刹那，终于叫嚣着破土而出，以其恢宏的姿态迅速地长成了一棵参天大树，枝叶延伸出口，全都化作了一句温柔的叹息。

洛小雪靠近白苏，低声说道："白苏，我喜欢你。"

指尖的故事

燃烧的B52

段立欣

1

对面的调酒师冷冷地看着我，从牙缝里挤出几个字。

"要点儿什么？"

"B52。"我眼神闪烁。

其实在这个小酒吧里即使你的眼珠一动不动，也会让人觉得你在左晃右晃，因为那些变幻莫测的霓虹灯打在身上，让人眼晕。

"你多大了？"调酒师边低头调酒边问。

"我成年了，我经常喝这种酒。"这话让我心里没有一点儿底气。

说实话，这种叫作B52的鸡尾酒我只是从网上看到过，只记得它小小的酒杯里分出了好多层的颜色，非常好看。最重要的是，它表面那层高度数的伏特加会被点燃，喝酒的人连同那蓝色的火焰一起，一口下肚。

2

"我早晚要体验一下这种酒，多酷啊！"那次我从厚厚的复习资料后面探出头对我的好朋友小米说。小米用书敲了我一下，"你个热血少女，化学保证考上140分再说吧。"

此时这款燃烧着蓝色火焰的酒就在我面前，可我不知道该从何下口。

"直接喝会不会烧到眉毛？"我小心地问调酒师。

"刚才有人说她经常喝。"调酒师擦着杯子，不冷不热地回答我，"再不喝酒杯就要炸了。"

他这么一说，我顿时紧张起来，连忙从旁边拿了根塑料吸管，想要把这烧热的酒吸上来。可我竟然忘记了，吸管刚往杯子边一伸，就被烫得焦黑，蜷缩起来。

扑，火焰还是被吹灭了。

调酒师说："不是吓唬你，小妹妹，不会喝容易被烫伤，你还是这样喝吧。"

我苦笑了一下，要知道，在学校我从没被人这样看扁过。

我一口喝掉了杯子发热的酒,其实上面一层伏特加被燃烧得差不多了后,剩下的酒挺甜的。

3

这次,调酒师看着我笑了,似乎漫不经心地说着:"高中生吧,你一进来我就知道。"

我本来想狡辩几句,可忽然发现自己衣服上的校牌忘记摘了,只能红着脸点了点头。

"明天好像是高考第一天啊,如果我没记错的话。"他慢悠悠地说,"你们现在的考生流行到酒吧备考吗?"

我不经意踢了一下脚下的书包,里面放着的都是复习资料。

"不是,我决定放弃高考了,觉得没意思。"

"呵呵,有个性。"调酒师自己倒了一杯冰柠檬水,也推给我一杯,"你早怎么不觉得没意思呢,上了这么多年学,直到今天才说?"

我喝着柠檬水说:"压迫到了极致,我才明白,反抗的时候到了。"

"原来学习对于你来说是压迫哦。"调酒师若有所思地说,"如果我像你这么大的时候,有人压迫就好了。"他喝了一大口柠檬水,连里面的冰块一起倒进嘴里嚼碎了。

4

"想当年我也没参加高考，准确地说，我连高中都没有念，当时我觉得自己自由极了。"他苦笑了一下继续说："你知道吗，穿着破牛仔裤，拿着一把破木吉想唱就唱，想笑就笑，想哭就哭，在大都市四处游荡的生活是怎样的？"

"浪漫啊！"我羡慕地说。

"浪漫？"调酒师无奈地摇摇头，"开始时我也这么认为，可后来我没有钱了，只能睡在桥洞里。那些精神有问题的老流浪汉会大声嚷着：'嗨，你可以住在我家，但你一定要记得关门，风都快吹干我了！'当然，还有醉鬼，随时都可能吐在你的身上，啤酒瓶子会在你头上的墙面碎开。一些要饭的孩子，没有要到钱被大人打得不敢回去，一晚上都在嘤嘤地哭……怎么，你在皱眉？这算不了什么，当你没有亲身经历的时候，很多东西都是浪漫的，神秘的，美好的，就像B52。"

我承认，喝掉带火的B52并没有我想象的那么简单。

5

要知道，从小学到高中我都是品学兼优的好学生，我从没进过迪厅，没打过耳洞，没花过烟熏妆，没有早恋，更别说泡夜店了。

但我一直很羡慕我们班那些老师眼里的"坏"学生，他们想干什么干什么，根本不用每天抱着枯燥的书本啃啊啃。他们那么自由，可我呢，永远被学习压迫着。

"好吧，说了我这么多，现在来说说你。"这时候调酒师又说，"你这个企图冲破压迫牢笼，想要逃出来的高中女生，除了考大学，准备做点儿什么来养活自己？"

做点儿什么？养活自己？这个话题好像离我太遥远了，我从来没想过。

"我不知道，可能会去做点儿什么简单的东西，不用学习就行。"我说。

"不用学习？开玩笑！记得当年我受不了桥洞的生活了，后来去理发店学着做过小工，去鸭脖子店学着煮辣鸭脖，数九天学着帮人家洗车，最后在酒吧找到一份弹唱的工作。用了几年的时间，终于学会了调酒。你瞧，现在我的生活才真正安稳下来了。不学习，怎么可能？"

调酒师喝光了最后一口柠檬水，"你还是觉得学习没有用？觉得它是压迫吗？如果我早一点儿被压迫，可能十年前，我就可以做我喜欢的事情了。那么，你长大后想做什么？"

"我……我想要做个桥梁学家。"

"哦，太好了，一个女孩子有这样的理想。如果你认为睡桥洞的生活可以完成你这个理想的话，那么我可以再请你喝一杯更有劲儿的酒，让你一觉睡到明天中午。"

调酒师看着我，我也看着他……

6

我们这样对视了大概十秒。

这十秒可真漫长啊，足够我写出一篇英语小作文了。

"不了，谢谢您。"我终于说出了这句话。

结清了第一杯酒的钱后，我推开了酒吧的门，身后传来了调酒师的声音："再见，小妹妹，希望你以后能建出一座有门的大桥。这样，那些只能靠乞讨为生的老流浪汉就不会被冻死了。"

"我会的。"我用力点了点头，向那位调酒师投去一个感激的微笑。

这时天已经蒙蒙亮了，要知道，我不怕熬夜，备考的那一个月我经常看书到天亮。

去麦当劳吃了份早餐，我洗了一把脸让自己清醒一下。然后从容地整理了书包里为考试准备的字典、文具、准考证。

也许，从一开始我就没有彻底放弃今天的高考。

好险啊，我差点儿在最后关头成了懦夫。

整理好衣服，背好书包，我走进匆匆忙忙的人群中，朝考场走去。那些无形的压力都滚得远远的吧，今天才是我人生开始的第一步！

有没有人告诉过你，有些人永远不成熟，而有些人，会一夜长大！

谁人能知，指尖的故事

咖啡啡

　　我课桌的桌肚里有一个小小的盒子，藏在本本和教科书叠成的小山后面，上面贴满了彩色的贴纸，里面珍藏的宝贝是三瓶娃娃头的指甲油，分别是粉色、带着亮片的透明色和艳丽的大红色。

　　夏天的时候，我戴着耳机逛精品店，看到琳琅满目的指甲油整齐排列着，可爱的娃娃头肚子里装满了整个世界的色彩。我慢吞吞地挑了好久，结账的时候将它们塞到了购物篮的最底下，遮掩我爱美的心。

　　学校自然是不让涂指甲油的，但是我们都懂，就如同不能戴耳钉不能吃零食一样，这一切都能进行"地下行动"。

　　我在课余时间耐心地打磨指甲，修剪成圆润的椭圆形，然后偷偷地在上面轻刷一层，指甲油是最低调的透明色，夹杂着小小的亮片，在阳光下会有细碎的光芒闪烁。我的小拇指有了光鲜的外衣，我举高看看又凑近摸一摸，简直爱不释手，只是在平时挥手拿物时，会不经意地勾着小拇指，这份美丽我还没有勇气与人分享。

当小拇指低调了一个星期未被人发现时，我开始对粉色跃跃欲试。

现在想想，我选了一个非常好看的粉色，淡淡的，像夹杂了裸色，一点儿也不艳俗，我称它为奶油粉。

奶油粉让我明白了涂指甲油也是一件非常考验技巧的事情，稍微用力，指甲油便会溢出甲面。当我涂好一只左手时，一包纸巾已经让我用完，成果是指尖全是春天的颜色，我沾沾自喜，悄悄与同桌分享，她露出惊喜的表情，我高兴地问她要不要也试一试。

这瓶指甲油是我消耗得最快的一瓶，同寝室的女生们的左手都是一样的颜色，白皙的手粉红的指甲，上课的时候要把手藏在桌子下。我也慢慢知道了一些涂指甲油的小技巧，知道将双手放入冷水中能够使指甲油加速变干，若是不小心把光滑的甲面划坏，可以轻点卸甲水，使其融化再凝固恢复完美。

大红色太艳丽太美，我偷偷擦在双脚上，如同红宝石般让人心生欢喜。在寝室光着脚走路时，仿佛有点儿不自然，迈着小步，怕好友诟病这高调的颜色，又有着想让全部人注意到的矛盾心情。

周末时，穿着凉拖在小镇上闲逛，经过一条清澈的溪流，轻轻踏入，清凉得如同喝了一大口冰水，小鱼在我的双脚穿梭，有几条胆大的用圆圆的嘴碰触我的指甲，它们大概也以为这是春天才有的红色浆果。

有指甲油的夏天简直是最美的夏天。

班上有一个挺帅气的男生，身高一米七八，我叫他圣诞树。圣诞树的皮肤很白，爱开玩笑，会吹口哨，能够很轻松地吹出 *Trouble Maker* 的前奏，他用这个小把戏哄到了一大片少女心。圣诞树不会弹琴，也不会打篮球，但是家里开了一个小小的百货超市，从家里带来的零食只分给我一个人吃。

我在逛美甲论坛的时候，寝室的女孩儿对我说："圣诞树是不是喜欢你？"我抬起头，摸着下巴装作严肃地思考，然后认真地回答："肯定是，然后会在圣诞节跟我表白！"她被我直白的话逗笑了，切了一声。

我是喜欢圣诞树的，幽默又帅气还会拿零食哄你的男生，怎能让人不动心呢。

圣诞树当然没有在圣诞节跟我表白，那么他一定也没有发现我指甲上贴的星星和麋鹿，我摸着指甲，觉得圣诞树没有情商。

学校开始整顿校风，我又开始了偷偷摸摸涂透明指甲油的日子，涂了一层又一层，我郁闷地趴在桌上，觉得无趣。我想，在未来自由的日子里，我一定能够随心所欲地装扮我的指甲，任何颜色，上面有碎钻也能有卡通的图案，而身边也一定有那么一个男生，了解我指尖的故事知道我当日的心情。

心情忽然变好，我将指甲油装进贴满的盒子里，藏在了层层教科书后面。

我家有座图书馆

巫小诗

1

胡思茗平时话很少，成绩一般，长得也不算好看，在班级里并没有太大的存在感。直到有一件事在同学中传开，大家才对她刮目相看。

有位同学告诉大家说："我去咱们省里最好的大学H大看望姐姐的时候，碰到了胡思茗的爸爸，学生喊他老师呢！原来她爸爸是大学老师呀！"

"哇，好棒！"

"难怪她看起来家教那么好！"

"嗯，还读过很多书呢！"

原本毫无存在感的胡思茗突然收获到全班同学满目的

歆羡，但她因为跟同学交流少，对此事并不知情，只是觉得同学们对自己突然变得热情了呢。虽一头雾水，倒也欣然接受。

直到有一天，有个女生对她说："思茗，真羡慕你，有个在大学当老师的爸爸真好。"

她忽然愣住了，"谁说的我爸爸是大学老师？"

"大家都知道呀。你啊，就是太谦虚啦，爸爸在大学当老师这种事都瞒着不告诉我们，多好的事啊。"

胡思茗恍然大悟，难怪同学们会突然对她这么友善，她的表情变得凝重起来。

"怎么了思茗？"女同学关心道。

"没事儿，快上课了，咱们赶紧回教室吧。"胡思茗绕开了大学老师的话题，径直朝教室走去。

2

跟胡思茗交谈过的那位女同学属于福尔摩斯的类型，她从胡思茗发愣的表情中读出一丝异样，是的，她开始怀疑胡思茗了，胡思茗或许根本就没有一个在大学当老师的高大上的爸爸。

这位女同学不仅多疑，还很八卦，她的推断，迅速传播开来，原本歆羡胡思茗的同学们，也一同参与了这场怀疑。

直到在某堂课的课间，胡思茗不经意地翻阅着一本文学名著，名著上赫然贴有H大图书馆的标签，还盖着校章。胡思茗的同桌看到了这一幕，偷偷拍了拍之前怀疑胡思茗的那位女同学的肩膀。女同学回过头，表情中流露一丝自责，"哎，自己太多疑了，错怪人家胡思茗了呢。"她在心里告诉自己。

看样子，胡思茗的确有一个在H大当老师的爸爸，不然，她去哪里弄到这本书？她是家中独女，好像也没有什么在H大读书的表哥、表姐，校图书馆的书籍，只有师生才有资格借阅呢，胡思茗的爸爸一定是大学老师无疑了。

胡思茗的无意举动，让她重新收获了同学们的信任和羡慕。

自从她知道同学们都确定她爸爸是大学老师这件事之后，胡思茗的心情变得很复杂，一方面，她享受这种羡慕，喜欢这种友好；另一方面，她觉得得到不属于自己的光环是件不对的事情。在纠结了许久之后，她选择沉默，是的，既不多谈，也不否认，这样，似乎是个折中的办法，不失去歆羡，也没有故意去撒谎。

3

这次之后，胡思茗带H大图书馆的书籍来教室的频率变高了很多，一开始是她真的喜欢看，后来，渐渐变成了

"看给别人看"。

有时，她也帮同学捎带他们喜欢的书。

有同学问："什么书都可以借吗？多久还？可以借多少本？"

她笑了笑，"什么书都可以借，想借多久就借多久，想借多少本就借多少本。"那气势，就跟图书馆是她家开的似的。

同学更加羡慕她了，"你爸爸的福利真好，我以后也想去大学工作，看不完的书，真棒。"

胡思茗从一开始的尴尬，到渐渐接受这些羡慕，接受得心安理得，她告诉自己："我从来没说过自己的爸爸是大学老师，我说的也句句都是实话，我没有撒谎，所以，不必感到愧疚。"

胡思茗成了班级的图书搬运工，有点儿累还有点儿麻烦，但跟她得到的同学们的羡慕和礼遇来比，这些累和麻烦都算不上什么。

4

两周后的某一天，一位玩得不错的同学主动要求说："思茗，啥时候能去你家玩玩呀？"这是高中以来，第一次有同学提出要来自己家里玩，胡思茗很开心地答应了，相约这位同学本周五的晚上去家中做客。

胡思茗不知道的是，这位同学想到她家玩，单纯是想满足自己对大学老师家该是什么样的一种好奇心，甚至可以说是一种窥探欲，跟胡思茗本身并无太大关系。

　　不只是这位同学，大部分奋战题海的高中生，都会对大学老师很崇敬吧，在他们的眼中，大学老师，尤其是这种名牌大学的老师，是大师般的存在呢。一个大师的家，应该是诗情画意的，有满墙的藏书和各种稀罕的藏品，墙上挂着他的书画作品，陈列柜里全是他的奖杯和证书，家中还有一位温婉的妈妈，烧一手好菜，闲暇时玩玩刺绣和手工，家风严谨且儒雅，让访客有如沐春风的感受。

　　当这位同学带着崇敬之情走进胡思茗的家时，她愣住了，这完全不是她想象中的样子——房子不大，在一处陈旧的住宅区的二楼，妈妈在厨房忙活着，围裙上一圈油渍，爸爸在客厅里看着无聊的古装电视剧，见她到来，招呼她坐下。房间采光一般，也没有开灯，小小的房子里，没有书画作品，没有大书柜，没有藏品，也没有书房，只有一个小小的玻璃板夹在桌旁，里面有一些照片，还有几张小小的证书，"胡某某优秀职工称号"，落款的确是H大，但是后面还有"图书馆"三个字。

　　原来是这样啊，胡思茗的父亲并非大学老师，而是大学里的一名图书馆职工！这位同学感觉受到了欺骗，她忍着气愤，尴尬地吃完了晚餐，便匆匆回家了。

　　她走后，妈妈对胡思茗说："你这个同学，好像不太高兴呢，是今天的饭菜不好吃吗？"妈妈似乎有些自责。

"我也不知道。"胡思茗有点儿摸不着头脑，她并没有注意到同学看到了爸爸图书馆优秀职工的奖状。她内心早已接受自己"大学老师女儿"的身份，俨然忘记自己是个冒牌货，她并没有把同学的到访和自己父亲是否是大学老师这件事挂上钩，因而家中也没有一点儿防备。甚至，直到同学带着不开心的神情离开家时，她依然觉得，应该不是因为自己家的问题，也许只是这位同学本身的心情不太好吧，毕竟自己和家人都没有做错什么。

5

短暂的周末假期结束，返校后，胡思茗觉得所有人似乎都怪怪的，看她的眼神怪，主动跟她打招呼的人也没有了。

或许，并不是奇怪，只是所有人对她的态度，又回到从前那种无人搭理的状态，仿佛这几周同学对自己的友善，都没发生过一样。

是的，那位到她家做客的同学把自己的所见所闻添油加醋地告诉了别人，别人把这"爆炸新闻"传递给了更多人，直到更多人变成所有人，胡思茗变成了众矢之的，一个虚荣的、撒谎被揭穿的放羊小孩儿。

直到这时候，胡思茗才知道了自己默认的谎言已被彻底揭穿。她感到羞愧，羞愧中又带着许多委屈。是啊，她多么冤枉啊，明明什么都没说，被人误以为有个大学老师的父亲，自己只是勉为其难地默认而已，没有撒谎半句，你看看，父亲在大学上班，许多大学生叫图书管理员为老师也是尊称，这样似乎也可以把他当成是大学老师啊，不是很过分吧？

只是自己的父亲和自己的家庭被盲目崇拜的同学们传奇化了，胡思茗最近几周的生活是多么被动啊，被发现、被羡慕、被传奇，然后被揭穿、被唾弃，她唯一为自己做过的主动的事情，就是主动默认了这个美丽的误会，谁知落到此番境地。

她越想越委屈，越委屈就觉得自己越没有错，自己只是个舆论的受害者而已。

6

内向的胡思茗不知道如何直面这件事情，介于原本她就没什么朋友，现在只不过是回到从前，她选择不做任何解释，当成一个不知情者，保持着沉默，回归自己的独来独往。

再也没有人找她帮忙借书了，没有人喜欢跟放羊的小孩儿做朋友。同学们还书的行为也出奇地默契，没有人当面还给她，因为当面不知道该谢谢她还是戏谑她，她帮同学们借的书，在两天时间内，全都在她没在场的时间被还了回来。

她上学来学校看到桌上有还来的书，下课上完厕所回来，抽屉里有别人还来的书，这一本本原本是人类阶梯的神圣的书籍，在此时的她的眼里看来，就像是一封封恶作剧的信，在取笑她的不堪。

这两天，她每天都背着满满一书包的书艰难回家。

她让爸爸上班的时候把这堆书带上还回图书馆去，爸爸说："我是一两本帮你带回来的，放包里很方便，现在一下还这么多，太不好携带了。你周末也闲着没事干，自己去图书馆还了吧，还书系统自动刷条码就可以的，不需要我的证件。"

"老爸，这很多啊，我背回家都背了两趟，我一个人怎么拿得动嘛。"胡思茗撒娇道。

"臭丫头，你也知道这很多很重啊，老爸就活该当你的冤大头啊？一次拿不动，周六去一次，周日再去一次啊，刚好大学图书馆气氛好，你可以去那里看书写作业，感受一下你未来要经历的美好的大学生活。"

被老爸说得无言以对的胡思茗，只好不太乐意地答应下来。以前她对爸爸所工作的H大图书馆是很向往很喜欢的，自从出了"大学老师的女儿"事件之后，她对图书馆就没那么喜欢了，甚至有一丝丝愤懑。

7

周六，大学生们也放周末了，图书馆是照常开门的，来的人比上学日少一点儿，毕竟跟看书写字相比，花花世界更吸引人一点儿的。

这周六刚好轮到胡思茗爸爸休息，胡思茗一个人来到图书馆还书，爸爸叮嘱过，图书馆的工作人员都很辛苦，既然是爸爸的女儿，对图书馆布局很熟悉，就应该在每次归还书的时候，把一本本书放回原位，替爸爸和他的同事们减轻工作量。

胡思茗一边漫不经心地还书，一边计划着待会儿去哪里逛逛，答应了父亲要到图书馆看书和写作业的，回去太早会被说的，但对这个让自己丢脸的图书馆又实在没有好感了，要赶快溜走才是。

她瞥了一眼窗外的炎炎烈日，又想想自己干扁的钱包，叹了口气，毕竟图书馆还是有空调吹有水喝，书随便看，午觉随便睡的地方，还是待在这，磨蹭一些时间再回去吧。

她接着把怀里的书一本本放回原位。

"同学，麻烦问一下，这M开头的书应该在哪边的书柜？我找了很久没找到。"一个纯净的男声从她背后袭来。

胡思茗一回头，一个阳光的大哥哥羞涩地看着她，她心里想："能考上H大学，还长这么帅的哥哥真是不多见呢。"

"哦，M开头的书柜在这一层右上角的倒数第三柜，L和M共用一个柜子，所以，你看到L柜子的时候，绕到它的另一边，就能看到M柜子了。"胡思茗信手拈来地跟这位大哥哥解说。

"谢谢了同学，你好了解这里啊。"大哥哥感谢道。

"还好啦，来过几次就清楚了，你不常来吧？"胡思茗问他。

"我每周末都来，只是很少取阅书籍，都是在这边自习。"

随便交谈了几句，这位大哥哥就离开了胡思茗的视野，去M书柜取书了。

8

放完书，胡思茗拿了两本轻松的杂志，坐在自习区随意地翻看着，打算看一会儿睡一会儿就走人。其实，她看都没看到一会儿，就直接睡了两会儿。

她喜欢拿书盖着脸睡，一可以当眼罩，二是流口水不容易被人看见。等她精神恍惚地醒来，拿掉盖在脸上的书，边擦口水边抬起头，眯着眼睛看着坐自己对面的人，好像有点儿眼熟呢。定睛一看，哎呀，就是刚才那个问自己去哪里拿书的帅气阳光大哥哥啊。

胡思茗赶紧把杂志放在面前遮挡，以免自己擦口水的不雅姿态被看见。擦干净后，她慢慢地把杂志放下，显然自己刚才的行为是多余的，人家专注于看书，根本没有在意自己呢。

她打量了一下对面的这位男生，他在看自己带来的书，书旁边还放着草稿纸。他偶尔提笔写着什么，看不清，大致是数字。他是在做数学题吧，旁边放着贴有图书馆标签的书籍，应该是刚才从书架取下的，他大概是来这里自习，做题疲惫的时候，就看点儿其他的书轻松一下吧。

胡思茗忍不住托着腮欣赏起他来，这位哥哥真的是浑身上下都闪烁着优点呢，长这么帅、读这么好的大学、还这么努力、这么专注，简直就是现实版的"入江直树"。啊，如果未来大学都是这样的男生，简直要为了他们奋发读书才是。

男生专注于自己的事情，始终没有注意到胡思茗，一直到胡思茗离开图书馆回家，他都没有认出对面坐的是她，或者说，有些男生就是对长相平凡的女生很脸盲的，抬头看见她了也没认出来。

图书馆跟大哥哥的相遇，让胡思茗周日欣然来图书馆还书，她记得大哥哥说自己周末都会在，继续跟大哥哥同桌的话，或许可以认识他。

9

胡思茗刚走进图书馆，果然看到大哥哥坐在昨天的位置上自习，等还完书，一定要若无其事地坐过去，假装不期而遇的感觉！

她飞快地把每本书放回原位，正打算坐过去的时候，觉得自己两手空空有点儿奇怪，便折回书架区拿几本书，本想继续拿休闲杂志，想想不对，这样会显得自己很俗很没品位，于是她绕到小说区，拿了两本厚厚的、作者名字长成十几个字的、一看就很厉害的书，慢条斯理又小心翼翼地坐在了大哥哥的位子旁边。

为了让专注的大哥哥发现旁边坐的是自己，她坐下来后，厚脸皮地打了声招呼："啊，是你啊。"

大哥哥侧过头："噢，同学你好。"

"你好用功啊，天天这么专注地看书和做题。"胡思茗抑制不住内心的崇敬之情，由衷地夸赞起他来，不知道自己言语中透露出自己观察他不止一天的细节。

不过大哥哥没有多想，礼貌地回答她："不专注怎么考上你们学校的研究生啊，竞争很大的。我不是你们学校的，我在郊区的师范学院，找你们学校的朋友借了学生证，每周末来这里看书和自习。"

听完这一席话，胡思茗的心凉了半截，师范学院可是本省很一般的学校，连自己这高三的小学渣都看不上的大学，在那里读书的学生，她才不崇敬。对了，大哥哥把自己当成这个学校的学生了，要不要跟他解释自己只是图书管理员的女儿，来这蹭书看蹭空调吹？才不要，这样好丢人。

大哥哥接着说："你们大学很好很美，虽然我高考失常上的学校不太好，但我也很喜欢我的大学，同学也很友好，有空来我们学校玩。"说完，他继续埋头看书做题了。

胡思茗被这位三流学校哥哥的大方气度吓到了，若是自己，怎会放下这毫无破绽的虚荣心呢，都坐在这个图书馆里，手里拿着这个大学的学生证了，才不要直接坦白自己不是这个学校的，还那么坦诚说出自己来自不太好的学校，还大方邀请"名校学生的自己"去他学校玩。

10

胡思茗愣愣地坐在大哥哥旁边，感觉被他衬托成了一个内心无比丑陋的小人，胡思茗开始反思自己。

是啊，父亲作为大学的图书管理员，也是一个很光荣的正当职业，为什么自己非要去当那个并不存在的"大学老师的女儿"呢？为了满足自己的虚荣心，打肿脸充胖子，最后被揭穿，让自己那么难堪？

离开图书馆回家的时候，胡思茗跟大哥哥道了再见，并告诉了他："我并不是这所大学的学生，我还只是一个高中生。我的爸爸在这里当图书管理员，因而我能经常来这里看书和借阅，好像拥有爸爸就拥有了整个图书馆。我爸爸工作很认真，年年是图书馆的最佳职员，待人也很和善，同学们见到他都很热情地打招呼，我很喜欢我爸爸。我走了，再见，愿你能考上这所大学的研究生。"

"我好羡慕你有个这样的爸爸，再见。"

其实很早以前我也想为了你写点儿什么

爱 末

大概是最近看了太多描写亲情的文章，那些家庭温暖的氛围用文字的方式横行霸道地充斥着我的视网膜。这些文章读完后我会久久不能回过神来，不断地追溯着自己也拥有的点点滴滴。

我的脾气是什么时候开始变得暴躁且怪异的？大概是因为这种不讨喜的性格已经形成太久，所以连自己想回忆都找不到源头。可是我知道，这一路走来，愿意容忍这样的我的人，只有你：妈妈。

你和爸爸是什么时候离婚的呢？我已经想不起具体的时间了，是三年级？还是四年级？总之是我还很小的时候了。可我的记忆中，记得的却是我小学时第一次逃课和第一份白卷。那时候你们已经离婚有一阵子了，说实话，它并不能成为我逃学和交白卷的理由，可面对班主任的质

指尖的故事

075

问时，我竟恬不知耻地把你们的离婚当作我顽劣的正当理由。

那算是我儿时第一次说谎话吧，说得支支吾吾，连语言都组织不通。可班主任就这样被我谎骗过去，还为了宽慰我好言相劝许久，生怕在我的童年里留下过多阴影。

此后记忆最深的就是，我用着你们离异的理由来一次次逃避我试卷上不及格的成绩，度过了一季又一季春夏。

这样钻着空子把错处都归结到家庭因素上的我，初中以后成绩已经下滑得很差劲儿了，不止这些，我甚至早就学会了顶撞老师，与同学争吵。似乎这些逆向而行的行为在我的青春期里都被自然激活，无师自通。面对中考已经惨不忍睹的成绩，我还是一副不知天高无所谓的态度，真的做到事不关己高高挂起一般，一点儿都不把它们当作自己的事情。

却只有你，在我屡教不改的情况下还要放下脸面，一次次送礼求人把我勉强塞进高中。

可那会儿我哪里懂得感激，我一点儿都不理解你。固执地认为你套了层枷锁给我，为我的自由生活安上了一道厚厚的防盗门。我束手无策，只能用最愚蠢的方式回击。

我不知道自甘堕落这样的词语代表什么意思，但你把这些归结于我的不写作业，不学功课，考试白卷。这些行为在我看来都是所谓对"自由"的向往方式。而你苦口婆心、精疲力竭，终是在我一次次的挑战下彻底败北，开始对我不闻不问。

那会儿大抵是我高中生涯里最快活的时光吧，好听些是无拘无束自由洒脱，难听点儿我是破罐破摔、烂泥扶不上墙。我更肆意妄为的是，在高二那年末，我不知廉耻地告诉你，我喜欢上一个学画画的男生，我也要学美术。

你听到我的话时，表情是难以形容的。我不知道你的心里是如何挣扎的，但最后你还是帮我交了高额的学费，供我走艺考。

现在回想起大概是能够想明白为什么会被那个男生吸引了，他勤奋好学，和我大相径庭。或许就是这一份与我格格不入的成长，让我觉得新鲜又充满好奇，不自觉向往。其实我挺庆幸，在那个"早恋"是如此大逆不道的年龄里对他暗生情愫。毕竟那会儿年龄尚小，和对方说句话都会手心冒出细密的汗。所以对于喜欢他的这件事，我做出来的行为竟然是把自己的生活一点点靠入正轨。那些逃课无事的闲暇时光都变成了挤出来去画室练习或是不断去补丢掉的文化课。因为男生想要考美院，所以为了跟他考入相同大学的我，在那段日子也忙碌得不像样起来。

我挤着时间赛跑，把丢掉的课本一点点拾回。中午在学校食堂吃完就回教室补文化课，下午一放学就跑到画室练专业。早已记不得上一次和你坐在一起吃饭，是什么时候的事了。

直到有天我在画室外看到本就纤瘦的你，孤零零一个人站在一棵老槐树下。一看到我就走向前道："骆珊，你没吃饭吧。和妈妈去吃晚饭吧。"

下午五点半，太阳还未西下。阳光照在你清瘦的侧脸上，仿佛一道利剑照穿我的心房。可我张开口却是："我要画画，你怎么跑来了。"

"妈妈好久都没有和你吃过一顿饭了。"

我的浑身像过了电一样，刹那间被击过。在我感觉眼眶里的液体要滚出时急忙回应你让你离开，"我明天中午回家。"于是，匆匆跑入画室。

我从画室的天台看着你离去的背影，眼泪坚定而汹涌地冲出眼眶。我清楚那是什么滋味，也更清楚我为什么会有这样的滋味。

可是我即将面临的是我兵荒马乱的高考，我只能把眼泪重新吞回肚里，乔装无事接着做自己至关重要的事。所以，妈妈，原谅我到如今都忘了补一句道歉给你。

不过可喜的是，我的一切努力都没有白费，那年夏天最热的时候，我收到了师范院校的录取通知书。你听着同事的恭喜声、道贺声，笑得眼角眉梢边的细纹都皱了出来。

只是可惜的是，我没有如愿考入美院。更没有如愿的是，在那场兵荒马乱的高考里，完成我自导自演的暗恋。为此，我哭得撕心裂肺，比落榜的孩子们还要难过，我不能接受自己无疾而终的一份感情就这样销声匿迹，更不能理解为什么学渣都可以凭借努力逆袭，而感情却付出后付之东流。十八岁，在最美的年华里不是完成高考的使命，而是在花季烂漫时开始青春的悸动。但意外的是，你耐心抚平我，安慰我。

你没有为我不该存在的情感责骂我，而是悉心宽慰我。你告诉我人的一生会遇到各式各样的感情，我这段没有开始的初恋是一朵含苞待放的春花，美好又纯粹。我为此付出了赤诚初心，就不该难过，而该怀着感恩的心感激生命中出现过这样的感情。而往后的人生道路里，还会遇到形形色色的人，随着时间、地点，和我自己心态的改变，我也会重新喜欢上别的人。你也祝福我，在遇见另一个人时，我依然可以保持这样美好的心灵，更完美地出现在别人的生命。

后来啊，我听着你对我说的话，努力把自己变得优秀而美好，努力发现世界上美丽的景色、美味的餐点，更努力在大学里汲取从前未接触过的知识，却忘了对你说一句谢谢。

妈妈，我想这一生，从你含辛茹苦诞下我时，我就没有对你说一句对不起，再往后，从你尽心竭力地抚育我时，我也吝啬一句感谢你。可妈妈你知道吗，在这世间，我最对不起的是你，最感激的是你，而我最爱的人，也是你。

冰消雪融的时光

大雪覆盖你来的那条街

晛　沐

1

2015年的第一场大雪，表哥结婚，我作为他最要好的表弟决定出卖我的色相给他当一次伴郎。

婚礼已经开场十分钟了，新娘仍旧没有赶到，酒店外的雪越下越大，好像是阻行了来往酒店的道路。

我穿着黑色礼服低头盯着手表看时间不停地流逝，直到有人喊"新娘来了"，我再次抬头时，门口涌入一群人，只是一眼我就看到了人群中头发上披着白雪的黎依纯。

我想过无数我们再次相逢的情景，却偏偏没有料到是这一种。

酒席上，我陪着表哥给家属敬酒，在黎依纯坐着的酒桌上，我夺下她的酒杯深深地望了黎依纯一眼，然后一饮而尽，黎依纯随着家属们一同站起对着新郎新娘说祝福的贺语，然后低头喝完酒杯中倒满的啤酒。

恍惚间，我似乎看到黎依纯眼中依旧的温纯和倔强，在那一刻，回忆铺天盖地地涌入我的脑海。

黎依纯，我还以为这辈子你就真的打算一直躲着我呢！

2

黎依纯是我见过唯一一个在打了别人后自己先哭的女孩儿。

学校的十月份艺术节期间，高三学长们办了一场宴会，我作为高二的代表生去参加。

本来以为只是一场普通的宴会，随便吃吃玩玩就散了，可是在宴会的最后，不知是谁提出来让高三学生会会长顾乔南跳个舞助助兴。

顾乔南虽然各项能力都很强，但哪会跳什么舞，文艺部的部长苏惠束起长发推开了顾乔南，跳了一段街舞解决了顾乔南的尴尬。

一个粉色衣服剪着娃娃头的女生端着水杯出现在众人的视野，在大家猜测她是不是要泼顾乔南或者苏惠一脸饮料的时候，她已经做出了行动——把水杯递给了刚跳完舞的苏惠并说了句"辛苦了"。

他们仨的故事我们都有所耳闻，苏惠是顾乔南的现任，高三年级公认的才子佳人。而后面出现的"娃娃头"是顾乔南的前任，和我一样是高二年级，据说和顾乔南是青梅竹马交往了好几年，不料被那多才多艺的文艺部部长苏惠挖了墙角。

就在所有人都以为没有好戏可以看了，苏惠自己也放松了警惕的时候，"娃娃头"体贴地问了句："喝完了？"苏惠点头的那一刹，她不知从哪儿举起一杯温水从苏惠头上淋下。

苏惠也不是什么好惹的主儿，她捋开湿透的头发从桌上端起一杯雪碧想要泼过去，在旁边一直站着的顾乔南一把抢走了她手中的杯子。

"别闹了！不丢人吗？还有你，黎依纯，你还是这么任性！"

"如果我任性我泼的就不是温水而是饮料，如果不是我对你还有那么一点儿感情我泼的就不是她而是你！"

苏惠作为"受害人"忍无可忍，"黎依纯我警告你……"

"啪！"苏惠的脸上挨了响亮的一巴掌，她被打愣了。不，是在场的所有人都愣住了！

随后始作俑者那个叫黎依纯的女生却开始号啕大哭，

我似乎是被什么蛊惑了一般，在所有人还没回神的时候拉着她的手跑出了众人的视野。

我不知道那一刻我做出的是怎样荒唐的决定，我也不确定那时我不顾一切地带她走是为了什么。直到后来我才明白那种不顾一切是喜欢一个人时的不顾一切。

那个晚上我带着她爬上学校教学楼的天台，她枕着我的肩膀哭得一塌糊涂。

我边吹风边听着她说她是怎么喜欢一个人到骨子里，后来发现他背叛了自己，背叛了承诺，她也想好聚好散祝他幸福，可是她做不到。

"你知道吗？我真的不能原谅他，我对他虽然做出了没有一丝挽留的样子，可是我真的好希望他能够回头，只要他肯回头一下我就原谅他。直到现在我也从来没有想过要离开，忘了他简直比让我戒掉甜食还难！"那时的黎依纯爱吃甜食爱到了人神共愤的地步，即使接连拔了几颗蛀牙她也依旧嗜甜如命。

她说完这话自己又破涕为笑，"算了，不哭了，要不你请我吃冰淇淋吧？"

3

黎依纯是我见过的唯一一个说雪好吃的女孩儿。

自从知道黎依纯喜欢吃甜食后，我经常从家里开的甜品店带些新品甜食到学校来，我和家人说是让同学们尝试下新品，其实全部到了她的肚子里。

因为我和黎依纯越走越近传到了学生会高层们的耳朵里，所以我在学生会里工作时经常受到顾乔南以及他朋友的有意刁难，我干脆辞掉了学生会的职务。

黎依纯知道这事后义愤填膺地跑去学生会办公室理论，结果被轰了出来。

我早就猜到了结果，却没有想到黎依纯这家伙人小鬼大，好主意没几个，坏点子倒一大堆。

圣诞节前一天的平安晚会，本来彩排得好好的一堆节目，在正式开始时主持人的节目单被人更换了，而负责主持的正是苏惠。在大家因为节目错乱而手忙脚乱时，学生会所负责的后台也出了差错，背景音乐的U盘被换成了语文朗诵的U盘。在一切看似处理正常后，所有的灯光又一瞬间全部熄灭了，全场一片尖叫。

学校领导大发雷霆，负责晚会全场安排的学生会会长顾乔南被叫到了办公室。

如果不是黎依纯亲口告诉我这全部是她一人所为，一定没有人相信这样一个小小的女孩子也能轻易扳倒学校的风云人物，何况那个人还是她念念不忘的前任。

第二天的圣诞节毫无预兆地下起大雪，就像毫无预兆找到黎依纯的苏惠和顾乔南。

当时我在给黎依纯送甜品，看到来者不善我不自觉地把黎依纯护到了身后，黎依纯的眼睛却一直固执而倔强地望着顾乔南。

苏惠率先问话："黎依纯，昨晚的一切都是你做的手脚对吧？"

身后的声音供认不讳，苏惠抬起手想要越过我却刚好被我的后退挡住，然而因为晚上落枕，我的脖子不能扭动，硬生生地挨了她一巴掌。

黎依纯看了不为所动的顾乔南一眼，失望地摇了摇头，然后以迅雷不及掩耳之势扑向了苏惠。

别看黎依纯个子小，打起架来丝毫不占劣势，明明苏惠伤得更重，脸上有好几处被抓伤，黎依纯却先哭了出来，以至于围观的人把正义的一方偏向了我们。最后的结局是顾乔南拉着狼狈的苏惠灰溜溜地走了。

我很诧异发生这么大的事怎么没有传到老师耳朵里，黎依纯本来机灵的大眼睛忽然暗淡了几分。

"我知道他最大的弱点，那就是舍不得我受一点儿伤害，即使他和我分开了也改不了。所以从我决定做前一晚的那些事起，我就笃定了他一定会帮我瞒着所有的事。"

那天的黎依纯穿了一身白，带着露出两个毛球的毛绒帽子，围着白色围巾的样子纯粹就是一只活脱脱的大白兔。

"喂，大白兔，你看我圣诞节为你承受了一个耳光，你是不是要送我一个礼物啊？"

黎依纯若有所思，然后捧起一把雪准备塞进我嘴里，我惶恐地退了数步。

"雪很脏的……"

黎依纯似乎有点儿怀疑，埋头咬了一口。

"不会啊，我觉得雪很好吃！"

看着黎依纯单纯调皮的样子，我的心里就如春芽破晓般对她的喜爱不停滋生。

4

黎依纯是我见过的唯一一个喜欢冬天吃冰淇淋的女孩儿。

顾乔南和苏惠因为即将面临高考，所以全身心投入到学习中去了，而我和黎依纯之间并没有因为少了顾乔南而进一步发展。

顾乔南高考完的那天，牵着苏惠的手走出学校，黎依纯在他的背后手指捏到发白却没有说过一句话，我见过她的眼泪，却都不及她这刻更让人心疼。

我曾经在书上看到过一个故事，一只狗被前主人遗弃后来被人收养，这个人对它很好，它迫于命运和现实吃着他的饭享受着他的好。可是见到前主人的那一刻，它还是飞快地奔向前主人抛下了这个在它孤苦无依时对它好的人。

我指着这个故事对黎依纯说这只狗好绝情，她说它好深情。我们说的什么对方其实都明白，而我只是难过，有一种深情她从未给过我。

冬天刚来的时候我对黎依纯表白，她答应和我在一起，却在得知顾乔南和苏惠在大学分开后立即和我分手。

我的坚持抵不过她的倔强，她一直都是这样，追着顾乔南的身影，永远不知道我还在她身后。

"孙晨，我们不适合在一起，我不喜欢你的。"

"不要分手，你想吃什么，我去买。"

"孙晨，我们在一起并没有多久，现在分开不会伤得太深，你要知道我忘不了顾乔南。"

"不要分手，我不想……"

"我想吃冰淇淋。"

高三的那个冬天，圣诞节的前一天，雪下得比以往的每一年都要大。我把自己包裹得像一只企鹅也抵御不了心底的寒冷。

她竟然对我提出大雪天想吃冰淇淋，有的时候不属于自己的总是爱去努力争一把才肯甘心。我在大雪中跑遍了半个城市也没有找到卖冰淇淋的店，后来我跑回家里的甜品店，在店外捧了一把干净的雪，和奶油搅拌然后撒上草莓酱，这刚好是一份简单的"冰淇淋"。

我以为我这样就能留住黎依纯的脚步，可惜雪就是雪，怎么和冰淇淋相提并论？我只是我，怎么可能变成她的顾乔南？打开手机才看到黎依纯发的一堆信息和几个未接来电。

"孙晨，我爷爷在老家去世了，我和家人一起回老家一趟。"

明明知道这也许是句谎言，我却宁愿相信这是真的，即使残忍也好过心底的荒芜。

5

黎依纯是我见过的唯一一个把再见也说得如此动听的女孩儿。

那个冬天，黎依纯离开后就再也没有回来，期间她只给我打了一个电话。

"孙晨，你要好好生活，你是一个好男孩儿，不要浪费在我身上。我在老家读书，不会再回来了。再见。"

我的世界忽然漫天大雪，明明手指间还残留着她的昨天。黎依纯删掉了我们所有的联系方式，有的人决心躲一个人就再也不会让他找到。

一直到高考，我顺利地考进了和黎依纯约定的大学，也没有再见到她，也曾发疯般地利用一切途径寻找她，可是我知道我再也找不回她了。

我以为黎依纯再也不会出现，直到我渐渐地淡忘一切，可是在表哥婚礼上，因为黎依纯的爸爸是一个亲戚的合作伙伴，我们猝不及防地相遇，始料未及地重逢，生活一直是如此地戏剧性。

婚礼散场后，我追着黎依纯离去的身影拦住她。她站在大雪中慢慢走来，我以为所有的黑暗都能被大雪覆盖，可是她太倔强，倔强到她的深情成就了我的辜负——再见到她，我再也找不到从前的感觉，原来口中念念不忘的人终究丢在了大雪深处最美好的时光里。好可笑，我竟然做不到黎依纯对顾乔南万分之一的深情。

留在原地等的是我，不肯转身的是我，把这些自以为是的深情得不到回报视作伤害的也是我。

"黎依纯，好久不见。"

"是啊，很久了。"黎依纯还是娃娃头，只是不再穿着粉色或白色像只兔子的衣服。

"你还要准备躲我多久呢？顾乔南还是没有和你在一起吧？可是你为什么总要躲着我？这么多天了，我很想你。"

"孙晨，抱歉。有的感情，无法勉强。"

是不是说了再见就能不再想念？是不是说了抱歉就理解了一切？

对不起，我做不到。

我伸出手，想像以前一样摸摸她的头发，她往后退了一步，我的手在那刻顿住了，十分尴尬。

"黎依纯，如果我说我能放下你，你能放过你自己

冰消雪融的时光

吗？"

　　然后是长久的静默。我苦笑了声，"想吃冰淇淋吗？我给你做。"

　　黎依纯望着我的眼神，犹豫又不忍，我知道结果却还是傻傻地做着自己想做的事。

　　有的人，错过了，会遗憾。有些事，不去做，会后悔。

　　"等我一会儿。"说完这句话我找了很久才找到一家甜品店，买了水果酱和奶油，捧了把雪把它们搅拌混合在一起，然后把水果粒撒在上面。

　　可是当我拿着这份"冰淇淋"跑回原地的时候，黎依纯再一次离开了。

　　有些人，交错后就转身，只留下背影从此不再过问。有些人，还留在原地等，捧着炙热的泪不肯转身。

　　黎依纯，我只能眼睁睁地看着大雪覆盖你来时的那条街。

你的帽子，是比夏日更长的秋日

杜索年

在我离开河北，去武汉念书的路上，于火车中迟钝地发现，是从秋天重新步入到夏天。窗外的植被由夹杂着枯黄的样子渐渐染成浓绿，来回推动的食品车从饼干转换成冷饮。最终下车的时候，我发现全身的衣服都被湿漉漉地贴紧在皮肤上。地面，是洒水车刚刚经过留下的深灰色，头顶，是格外烈格外暴躁的骄阳。

我寻找从火车站到学校的摆渡车，也同时寻找跟我一样要入学的伙伴。然后我看见了一个少年，他和我一样，长袖大褂，汗流满面，眼神里充满期待伴随焦灼。他脑袋上的帽子歪向一旁，有些滑稽。

我们是一起上车的，车子的所有窗户全开。把手伸向窗外，风把宽大的袖子吹得大声响动。

然后，我的手，就突然抓到一只帽子。

那是一只黑色的帽子，上面有几个英文字母。我看了看，想起来是方才那个少年的。鬼使神差，我把它塞到了书包里。就当是新生纪念啦，我悄悄地想着。

果不其然，少年挨个问坐在车窗旁的人，问有没有看到他的帽子。也同样果不其然，根本没有人注意到我那迅速而隐秘的小小伎俩，他们都对男生遗憾摇头。

两天之后，所有人穿上军装，开始操场上的被虐历程。我错带季节的衣服，并没有给我带来太多的困扰。每个人都是一样的，没有谁是特殊的。然而我还是轻易从人群中找到了那个男生，那个我挂在床头的帽子的主人。他是另一个系的一个班的班长，带着全班同学跑圈，仍然是汗流满面，我看他的样子，忍不住想笑出声。多有趣啊，他不知道他的帽子去哪儿了。

追踪他的轨迹，我看到了他们班训练的地方。从此以后，只要是无聊地站军姿，我的视线永远是在他们班那里。偶尔，还会笑——"你的帽子在我这儿！在我这儿！谁让你不懂读脑电波呢。我脑电波开了一万分贝，正跟你喊你的帽子在我这儿呢！"

后来，有那么一天，他一个人，突然走到我这里来。"同学，你认识我吗？"

正坐在草地上歇着，有一搭没一搭看着他的我，快要吓晕了。

"我，我不认识你啊。"我说。

"哦，我刚上了个厕所，回来就找不到我们班了，大家穿的都一样，你了解的。刚来嘛，我同学的样子我也记不清。那，我就只能挨个每个营，问他们认识我不。"

"你可真聪明。"我说。

"哈哈哈，我看你跟我笑，我还以为你认识我呢。"

"你们班，在那边，刚才你们排长带队踢正步，踢那边去了。"我随手往那个方向一指。

他看了看，往过去跑了两步，突然又回来。"哎嘿，你咋知道我，和我们那个方队的？"

找不到合适的词，我又快要吓晕了。他看我语结的样子，没有办法，也还是赶快跑走了。

喂喂喂，你的帽子在我这里呢。你就不打算问问我是谁吗。我的脑电波放了两万个分贝，但是很不幸，他不仅没有听到，而且连我同学也没有听到。他们都在聊八卦啊，侃明星啊，谁会在意一个发生在半分钟内的问路呢。

没过几天，我病倒了，上吐下泻，非常猛烈。去校医那里看，是水土不服。校医给我开了假条，以及一种叫"思密达"的药。我在网吧里跟父母一把鼻涕一把泪地视频，旁边还放了一卷我非常有先见之明带来的卫生纸。我妈说："我有个同学，他儿子啊，我才知道也是你们学校的新生，不打算见见面吗？我喊他照顾照顾你呀。"我说，可别了，这阵子都军训呢，特别累，不方便。

不过那天晚上，还是有人在我楼下宿舍喊我了。我打开窗子，看到我床头帽子的主人。我下楼去，他问我，我是不是早就知道他是我妈妈的同学的儿子，所以才知道他的方队的。我左思右想，点点头。他说，以后你别在电脑上对着父母哭了，他们太远，着急，又帮不了你，你找我就好了。我左思右想，又点点头。

军训结束是漫长的十一假，我没有回家，窝在宿舍看小说，一本接一本。偶尔也跟他发些短信，聊聊天。如果凑巧都赖了床，吃饭的时间同步，那么还会一起去食堂。我喜欢他大人一样的笑容，他每次都要说一句，你可给照顾好自己啊。终于有一次，我说我们新生入学时，我还看见你了，上的同一辆班车。他对那个时候的我完全没有印象，只是说，好倒霉啊，帽子丢了。

十月五号的时候，我们俩终于约出去，去外面逛一逛。905路公交上，有很多带着小孩儿的年轻女士。我不是喜欢小孩子的那种人，然而他是。他跟小朋友握手，小朋友扯他眼镜玩，喊他叔叔。他说："不要客气啦，大家都是同龄人。"我忍不住笑出声来，他严肃脸道："有什么好笑啦。"我说，你有没有注意小朋友和他妈妈的表情啊，太好笑了。他也终于绷不住了。

我们去了红楼，那是一百年前的湖北军政府遗址，房屋的构造跟现在很不一样。我们走到大厅里，抬头望向螺旋的楼梯和华丽的天花板装饰，看到有一些光芒混合着安静的尘土，下落。"如果我是那个年代的学生，应该也会跟着一起去起义什么的，我会想念那个年代。"

"那我跟在你旁边，保护你咯。"他随口这么一说。

然而我是有点儿恍惚的。我想，在那个动乱的时代，每个人都会容易激动，每个人都怀着一些遥远和澎湃的理想，但是有一个人，说在旁边保护我。我看着他灰色的卫衣，觉得有一汤匙那么多的伤感，也有些毛茸茸的不确定。

"喂，你有一个……"我小声说。

"什么？"他问到。

"没什么。"我咽下去"帽子"这两个字。我不想让他知道我拿了他的东西，我不想让一切太刻意起来。

假期结束，宿舍的女生从家里纷纷回来。他们问我十一去哪里玩了，我说只有一天出去了，跟同乡人，是另一个系的一个班的班长。"哦，是他啊"，舍友说着，"那个非常挺拔的男生，我就想嘛，该是北方人的。""哎呀呀，原来你们军训时都在看人家啊，我还以为就我悄悄看呢。"

我是有一点儿小骄傲的。你们都不知道呀，我还有一个关于他的秘密呢，我跟你们，总归是不一样的。

日子开始转冷了，十一假期结束，我从北方拿来的衣服，正好用得上，不由窃喜，其实这样带行李是对的。当然啊，我有一次碰见他，看到他也是穿着当时下火车的那套衣服。

他的旁边，还走着一个很漂亮的女生。

他看着我的脑袋，有点儿惊讶，"哎呀，你的帽子，怎么跟我的一顶一样呢。"

我装成不明白的样子，把帽子拿下来，给他看。

"真的哎，一模一样。这里，那里，都一样一样儿的。"

我把帽子拿过来，"哎呀老乡，估计我们是从同一个地方买的吧。"

他跟女孩子走远了，我盯着自己的影子，有点儿酸楚。他那么聪明，肯定能看出来那就是自己的帽子，那些蹭出来的毛边，他怎么会不记得。帽子字母上用圆珠笔写的一个L，他怎么会不记得。他知道我跟他一起坐过同一辆车，他怎么会想不通。

一整天来，我都那么盯着自己的影子。影子上的头顶部位那一小颗突出来的地方，显得那么尴尬、不合时宜，令我难过。

后来，大家都知道，那个女孩儿是他的朋友了。在这个校园里，只要人长得好看一点儿，性格好一点儿，是很容易被大家知道一举一动的。我想，我是不会给他发短信了吧。他偶尔也会发一些消息给我，但我只是"哦""嗯""呵呵"。

他再也没问过我帽子的事，我也假装，那顶帽子就是我的了。在那所学校的所有时光，只要能够戴帽子，我就会戴。甚至越来越大胆起来，敢在他所有会经常路过的地方招摇走过，即便看到，也没有一点点所谓的愧疚、害羞或者期待之类。

谁也不知，谁也不问，这顶帽子是我一段隐秘、有趣，浓绿中夹杂一些枯黄的心事。

你是比夏日更长的秋日。

许你温柔遍河川

林宵引

1

陆底把香气四溢的排骨汤送入喉，瞥了林川一眼，终于吐出一句话："你这人，什么都好，"勺子在瓦罐里又拨弄了一阵，才接着道："就是太随便了。"

林川哑口无言。她承认，她是活得粗糙了一点儿——长发两刀就能咔嚓成刘胡兰烈士，丝毫不给理发店洗剪吹的机会；杧果撕下皮就啃，永远学不会优雅地用小勺；出门时素面朝天，眼睛睡肿了也不知道用双眼皮贴补救一下，在合照里永远是最不起眼的那个。

但这些都不是致命的关键啊，因为她可以为了某人，活得比任何人都要精致。林川思索了半天，眉宇都成了结，终究是试探着开口，"这些不是都可以改吗，有那么重要？"

陆底闻言，手上的动作一滞。他的汤勺中，是最后一块入口即化的白萝卜，他看着这块萝卜，又看了看林川，眉头蹙得很优雅，让一旁摊开课本复习的小学妹都看走了神。

"阿川，你当初看上了许勍，难道不是因为他好看？"直白赤裸，直击心脏。林川真的不想承认自己是个颜控，但还是不由自主地点了头。

"所以啊，人家也是一样，你连让人注意到的本事都没有，凭什么求人青眼相加？"林川听了许久，看着陆底的眼神突然变得很深远。

"陆底。"对方只是投来一个疑问的眼神，她接着道："原来学机械工程的，并非全是书呆子啊。"

"呵。"

2

"这些是我堂哥从澳洲回来我让他帮忙带的。"陆底将怀里一堆护肤品摊开在桌上，奶茶店旁座的小姑娘们霎时都把目光投来，甚至有大胆地、含羞带怯地过来问联系方式："请问小哥哥是做代购的吗？"

陆底失笑，摆摆头，林川很自然地揽过他的肩，

冰消雪融的时光

"不，这位兄弟是我的专属代购。"

两人把护肤品分类整理好，陆底开始他的课堂，"阿川，你的皮肤状态，能够反映你的生活状态、作息好坏。看你黑眼圈有点儿重，用这个眼霜比较合适，然后每周要固定时间做个面部清洁。"林川听得有些发晕，陆底倒是很有精神，"那些乱七八糟的面膜就不要用了，想要白得像鬼，还是得多摄入维生素C，出门也要记得涂个防晒。"

林川听话地点点头，陆底点的柠檬水已经到了，他顺手插上吸管，递到林川嘴边。旁边不住地传来一些细碎的闲聊，"看见那个帅哥没？机械工程系的男神，陆底。"

"谁看不见啊，帅得不要不要的。唉，他旁边的妹子是谁来着？"

"他发小。她要不是妹子，我看真跟地主家的傻儿子似的。"

"噗。"林川一口柠檬汁喷出嘴角，心里已经默默地有了些考量，抬头对上陆底嘲笑的眼神，思忖着开口，"那我要是没有变美的毅力呢，怎么办？"

"文学系在筹备微电影的拍摄活动，你先报个名吧，离试镜还有几个月。"陆底说得云淡风轻，林川心底敲锣打鼓，看向他的眼神里充满了怀疑。

"先努力，至少让你有个目标。"陆底把改造计划做成了一本小册子，递给她。林川一页一页翻着，随口道："陆底啊，你干吗对我这么好，人家心里挺过意不去的。"

陆底很直接，"过意不去就请我吃饭啊。"他起身，"等会儿有个学妹跟我讨教功课，我先走了。"林川还在翻着册子认真看，略微点了点头。

陆底走的时候，嘴角都挂着笑，感觉真像是养了个傻儿子。"从小到大这么多年都养过来了，还在乎这一时半会儿吗。"他自嘲。

3

林川原本底子不错，但就是太懒，加之皮肤常年疏于护理，着实不太吸引人。室友看着她狠下心办了一张健身年卡，又在她们煲剧吃零食的时间有条不紊地护肤，纷纷惊叹，"爱情的力量啊。"

已经过去数月，林川的皮肤细腻了许多，加上坚持锻炼，往常原本驻扎赘肉的位置被健美的身形取代，整个人看起来精神了不少。但说不清楚是出于一直以来的自卑心理，还是其他，她本能地排斥化妆品，也不大爱照镜子。总觉得眉目顾盼流转、脸颊一点儿胭脂，不是她这种姑娘该有的神姿。

陆底倒是尽心尽力，像个知心大姐姐似的，从做美容院的亲妈那里顺来一套化妆品，安慰一般地挡下来她闪

冰消雪融的时光

躲的手臂，"到时候试镜，多少要涂脂抹粉，先试试效果吧。"不知道为什么，每次碰到了什么难关，或者是心理上过不去的时候，只要陆底一伸出手，一开口，林川就很快被安慰被说服。身边能有这么一个从小到大的朋友，是很幸运的事情吧。

林川回想着两个人的青梅竹马，从她进了那所小学，被陆底收为小弟，认真地罩着开始到现在，两个人几乎没有分离的时候。她有困难，陆底帮忙；别人说她矬，陆底不作声；但她要鼓起勇气做个改变，陆底也想方设法地替她完成目标。

得友如此，夫复何求？林川长舒一口气，终于回过神，陆底已经完成了最后一步，收了手，把圆镜转向她，"看看。"

林川对上镜子的刹那，一句话都说不出来。倒是一旁匆匆入座的男生，充满欣赏的目光看着她，并且对陆底说："陆底，你选的人不错啊，到时候试镜给她优先机会吧。"

林川不明情况，陆底先回道："是啊，你看阿川眉宇间那种与生俱来的忧愁和怀疑，简直是女主角的不二人选。"

原来陆底和文学系微电影导演组的同学相熟，正好林川的模样与女主十分契合，便干脆在这最合适的时机，给双方做个介绍。林川十分紧张拘束，在接过剧本的时候手都有些不稳，被陆底稳稳地握住了手。

导演同学含着笑意调侃："陆底，你这是要把自家人捧红啊。"

陆底不动声色地接茬，"这么多年的发小，不帮她帮谁。她心里住了个男神，该是时候发光发热，给她男神看看了。"

4

微电影的拍摄时间很快到了，林川觉得自己已经做了十足的准备，陆底却总是像在欣赏一件艺术品，对她指手画脚，总觉不够。

最后一场戏，这天寒风四起，杀青了的小演员们纷纷披着羽绒服在电暖炉前围坐，唯独林川，身影分外单薄，只着一条长裙，眼角和脸颊都红了，神色像足了戏中的失落之人。

陆底站在摄像机前，静静地看，有人不知不觉间已经立在了他身侧，说话间呵出了团团雾气，"看着她这么挨冻，你不心疼吗。"陆底一动不动地立在原地，和导演商量着调整了一下摄像机位置才回话，没转过身，只偏了偏头，"当然心疼了。可是有些事情，比心疼来得更有用。"

如果让她吃点儿苦，就能令她心想事成，那自己来做这个推手，不是不行。每个人多少都会有成全和牺牲。陆底打起精神，保持精力，半小时后终于听见导演的示意声。

"咔。"片刻后，冰天雪地中响起了一阵掌声。而林川心心念念的男神许勋，就在这时出现在了片场，作为女二的朋友前来探班。他第一反应不是和女二聊天，而接了一杯热水，脱下自己的厚重外套，独自前去披到了林川的身上。

陆底手上捧着的热奶茶突然就被他不留心泼了满手，辣辣的疼。罢了，他心想。毕竟这对于阿川来说，是一个好的开始，开始以光鲜的面目为人所知，开始获得越来越多的好机会，开始正式结识许勋。

陆底就着剩下的一小口奶茶，往口中送去，烫了也不自知，"挺好的。"

5

许勋这人，滴水不漏，左右逢源。长年接棚拍，认识许多小有名气的摄影师，终于向林川抛出了橄榄枝，让小心翼翼啜饮咖啡的她有些不知所措，"木钱老师最近打算拍一组作品，还缺一个模特，你要不要试试？"

可是等到了摄影棚，她才发现自己雀跃得太早。许勋出入摄影棚已经很熟练了，和里面的工作人员也熟稔，他向林川交代完要换的衣服之后，就去挨个和相熟的人打招呼。

林川换好了衣服，整个人一股仙气，却被晾在一旁。原来这个世界还是依旧，会有更出色的人站在你的头上，把你的光芒覆盖，不管过了多久，不论你多努力，在一些人面前，你永远不会是第一位。

她在摄像机前维持着最佳笑容，心里却杂草丛生，瞬间感觉回到了杀青的夜晚，大家都围在暖炉边，有说有笑，她一个人，继续演绎着看起来凄苦的爱情故事。

她突然好想念陆底，就算毒舌了些，但至少能给她圈出一个安稳的天地。即便只是朋友，也觉得这温暖足够了。

人类果然是天底下最贪婪的物种，又肤浅极了。看到一些表象，轻易地便沉迷，发现与想象不符，又克制不住地换了种想法，换了种贪婪的方式。

她忍不住地自嘲出声。

6

陆底再约她见面，是两三周后，他和外文系的系花一同出现。林川那种习惯性的不知所措又上来了，不知为什么，看着他们俩，心里一阵不舒服。

陆底仿佛没看见，拉着她坐下，帮她点了柠檬汁，直入话题道："现在第一步已经做到了，接下来得提升内涵，毕竟男神都喜欢内外兼修的姑娘。"

林川皱眉，这计划不是只有他们知道吗，为什么要拉个外人来旁听？是因为旁人在陆底心目中的地位，和她平起平坐了吗？

她心里一阵忐忑，柠檬汁来了之后，吸管都快被她咬烂。陆底一把托起她越垂越低的脑袋，无奈道："阿川，你到底有没有在听？"

"啊……"林川一脸颓丧，陆底被气得话都不说，系花的声音很动听，开口打破僵局，"最近有个英文竞赛的活动，进入复赛能加英语期末分数，他想让你参加。我可以替你辅导。"

林川本能地想要开口拒绝，却被陆底抢先。他深情温柔地看着系花，向她说："昕昕，那拜托你了。"

叫得真亲热。林川又垂下头，撇撇嘴，拨弄着杯子里剩下的冰块，捞起一块，想嚼冰解忧，却被陆底握住了手。他眼疾手快地把冰块喂到了自己嘴里，含糊不清地说："你生理期刚走，不要吃冰。"

7

林川自从报名英语竞赛，几乎把课余时间全部送进了图书馆，一旁是兢兢业业的外文系花和陆底。不是不累，看见他俩总是齐齐坐在自己对面，更心烦。仿佛全世界都成双成对，只有自己形单影只。

但好歹英语竞赛是件好事，不论冲着所谓的内外兼修去，还是冲着学分去，她都不吃亏。艰苦学习的岁月持续了大概两个月，唯一让她稍许欣慰的是，系花和陆底至今还没能牵手。说不准，也许人家更喜欢细水长流、慢火煨热的恋爱呢。

关她林川什么事。

林川原本英语底子不错，顺利进入复赛，但令她猝不及防的是，许勍在复赛前些天找到了她。那天正好是林川的生日。

林川从自习室出来的时候，陆底和系花已经约好有事先离开了，夜色凉得很，许勍捧着一束花，站在自习室门口。林川感觉自己更多的不是心动，是惊讶。她第一反应竟然是：被别人看见要说三道四了，怎么办？

许勍捧着花，轻声问她："阿川，有件小事，你能不能帮帮我？"

林川有种不好的预感，"你说。"

许勍忐忑道："你还记得当时拍微电影的女二号吗？"她点点头。"这次的竞赛对她来说很重要，她性格很偏激……你能不能……"

难得许勍求人，竟是求她。难得许勍求她，竟是为了另一个女生。林川坦然道："放水是吗？"

许勃点点头。林川看了他许久，也点点头。林川将手中的捧花摔进他怀里，盯着他的眉眼看了很久，有些不明白，自己从前究竟迷恋他什么。想了很久，直到许勃尴尬得不行，又没办法出声打破这局面，她才释然，"许勃，其实我挺感激你的。不是你的话，我根本不会有蜕变的机会。不是你的话，我不会给自己这个机会。"

"你的请求我会考虑，再见。"

许勃满脸都是歉意，对她的背影挥了挥手。

8

英语竞赛结果出来的时候，陆底差点儿把书摔到林川脸上，还是被系花拦住了，陆底恨铁不成钢，"昕昕你别管闲事！"系花这么一听，不乐意了，把抢过来的书往桌上一扔，翻了个白眼，"要不是跟你铁，谁要管你俩的破事，我约会去了。"

林川缩着身子，把陆底往图书馆外边拉，"别，别影响同学……"两人拉拉扯扯到了最僻静的一处小花园，在夜里十分幽深，一眼除了彼此望不见他人。

陆底立在林川身前，居高临下地看着她，"我们辛辛苦苦给你辅导了两个月，你连前三都没拿，能不能争点儿气？按理说，你的实力不至于啊……"

有女同学三两成群开着手机摄像头路过，兴奋道：

"哇！男神连发火的时候都这么帅……"林川瞥了她们一眼，再怯生生地看向陆底："是许勃求我放水的……"

陆底闻言，像吃了只苍蝇似的，"你的努力就是为了他的脸色？他让你放水你就放？你能不能有点儿主见！"

林川忽然间不知哪里来的脾气，把音量调到最大，说着说着喉间带了股呜咽，"那你怎么不早告诉我，他喜欢别人呢？你怎么不早告诉我，不管我怎么努力，我还是和以前一样在他面前不起眼！"

陆底看着她眼泪突然就迸发，生平第一次这样慌张。上一次让他魂不守舍的时候，还是小学时候，林川自己在石头假山上玩，不小心被人撞了一把，磕得满脑袋的血。那时候他以为林川要死了，赶紧背起她，一边哭得伤心欲绝，一边到处找长辈。

但是现在的阿川，不同于以前的阿川了。陆底有些后知后觉，他正因为林川的眼泪而揪心时，已经从小屁孩儿长成大姑娘的林川，突然她什么都不管了，在星子寥落的夜里，双手插进他大衣两侧，紧紧地抱住了他，像是因为冷极了索取温暖，又像是伤心过度寻找安慰。他一时间有些无措，凭本能把手放在她脊背，收紧。她没抬头，深深地叹息，"你最讨厌什么？"陆底摸不着头脑，没接话。

很快林川又来了一波质疑，"你最讨厌我吧？"陆底在脑内搜索了许久，都没有找到她这话的缘由，只听她仍旧抽泣着，给他讲故事，"我记得初中，有一回你来我家，你以为我不在家，就说了我的坏话。其实我在屋里躺着呢。我记得清清楚楚，我妈问你，我是不是特麻烦，你想都没想就回答她，是挺麻烦的。"

"陆底，你是不是一直都嫌我麻烦，所以想快点儿找个人把我领走，你就能清净了？"

他的脑袋垂下来，在她香气柔和的颈间，轻轻地应了一句："阿川。"

她的心头，突然像被春季的嫩叶尖儿缓缓地撩拨，"啊？"

"我最讨厌的不是你，我最讨厌的……"他低着头，搂着林川的手臂松开，深吸一口气。片刻后，认命一般，将她抱了满怀。林川等他的下一句，等得心里酸涩极了，他就在那样的停顿中，极尽温柔地说："是荷尔蒙作祟。"

洛　丽　塔

倩倩猪

罗塔塔的脑子一定有问题

　　罗塔塔拒绝了高盼的表白，高盼告诉我这个消息的时候，我瞪大了自己铜铃般的大眼睛，然后狠狠地咬了一口手里的菠萝包，喃喃低语："不可能啊，我明明看见她在画纸的落款写着喜欢他三个字。"

　　"除非……"我欲言又止。

　　"什么？"高盼无奈地看着我，一脸的苏佳佳你是不是故意整我的质疑表情。

　　"罗塔塔的脑子一定有问题。"我刚说完，高盼翻了个巨大的白眼给我，接着挑起他那浓黑的粗眉毛，精致的容颜突然有了一丝简单的拼凑，奸笑着说："罗塔塔那样的女孩子，就算是个植物人，也会有大把的男生喜欢的……呸呸呸，这话不吉利。"

"对对对。"我勉强挤出一丝假笑配合，高盼只顾着想罗塔塔去了，完全没在意我的异常。高盼打从穿开裆裤开始我们就认识了，两个人玩了整个青春期都没听他这么夸过一个女孩子，呵呵，我还一度以为这家伙不喜欢女生呢。谁曾想，高中军训刚结束高盼就告诉我，他爱上了一个女生。

我当时的惊吓不亚于现在罗塔塔拒绝了高盼之后的讶异。

据高盼当时描述，他军训完之后，和几个班里的男生邋里邋遢地穿过操场，准备回宿舍。夕阳西下，金黄色的光线洒在整个校园里，美极了，然后他抬头就看见教学楼二楼某个班门口坐着一个女生，穿白色的连衣裙，直发过肩，很好看很美。她安静地在画板上画画，他心生搞怪心思，决定偷偷上去从后面吓吓她，谁知在准备吓她时发现画纸里画的正是他。

两人相视，略显尴尬，高盼只好打着哈哈说道："画可以送我吗？"

罗塔塔简单地收拾了画本便进了教室，什么话也没说。

由此，我深深地佩服着，高盼这个将来的理科状元居然能说出这么美的画面回顾，我更佩服罗塔塔这样子的女生，能视高盼这样的尤物为空气。

于是，高盼委派我，把那幅画偷回来。

我喷了他一脸的可乐汽水，抱歉由于惊吓过度忘记可乐瓶被我剧烈摇过，盖子一开就出现了惨剧，"高盼，你肯定疯了。"

虽然我完全不赞成偷画的主意，但我不排斥去偷偷看一眼那张画。于是，晚自习过后，我便赖在教室不肯走，等所有人基本回了宿舍之后，我潜进了罗塔塔的班里。我在罗塔塔的抽屉里看见了那幅画，画中的高盼惟妙惟肖，我甚至有点儿怕画中的高盼察觉了我当时的表情，然后我注意到，画纸的落款处写着：罗塔塔，喜欢他。

我在第一时间把这个好消息告诉了高盼，只是没想到会是这个结果。

喜欢一个人，只喜欢一天好吗

高盼拿一个月的菠萝包来和我做交易，让我主动去接近罗塔塔，搞清楚这中间到底出了什么问题，被我无情地拒绝了。

我看着高盼的眼里带着点点哀伤，故意挤出了几滴眼泪，再搭配着难过得要死的声音，"高盼，你太过分了，你明明知道我喜欢你那么久，现在却让我假装接近我的情敌给你打探军情，你认为合适吗？"

"额……"高盼有点儿信以为真，但凭他对我多年的了解，还是识破了我的奸计，于是认输，"好吧，条件你开。"

"满足我一个愿望，不管我以后提出什么无理条件。"我奸计得逞，马上转哭为笑。

"这……"高盼显得有点儿为难。

"否则免谈。"我坚定地说着，完了还给他分析了下现状，"你觉得这么多年才遇见一个喜欢的女生，现在是罗塔塔比较重要，还是担心未来被我剥削比较重要。"

"成交。"

于是，我给高盼规划了下我们的整套计划，我从内部打进敌人的心脏区域，高盼负责外面区域有意无意地勾搭，与此同时，我和高盼也要装作不认识对方，避免敌人产生怀疑心理。

高盼听完后，眼睛里闪着星光，竖起了大拇指，"不愧是未来的文科状元，不过，我们不要整得跟打敌人似的，罗塔塔是我们的朋友，未来。"

接近罗塔塔唯一的途径，我进了美术班，我还没来得及进攻，罗塔塔便向我走了过来，她笑靥如花地问我："你喜欢海边吗？"

我承认我被罗塔塔的笑震慑住了，怎么可以长得那么好看，难道上帝在造她的时候太过专注，所以我才是现在这副模样吗？虽然我不丑，可是也绝对不算好看。

我慌乱地看着自己画纸里画的那片海，尴尬地应道："是啊，我常常在想，如果有一天可以坐飞机去海边，那该多好。"

罗塔塔惊讶地看着我，像是在看她自己，她一定想不到有一个女生和她有着一样的梦想，"你叫什么名字？"

"苏佳佳。"

"罗塔塔。"罗塔塔笑起来甜甜的，声音轻轻的，她说，"喏，你看，我们真有缘，连名字都是这种ABB形式，看来我们家长都是这般图简单明了。"

世间哪来这么多巧合缘分？我只是模仿了罗塔塔的某些特质罢了，只是消息来源说，罗塔塔的话真的很少，一般都是两三个字往外蹦的那种。

敢情今天偶遇知己连话也多了起来？

不过一个星期的时间，我顺利地和罗塔塔熟络起来，我发现，除了在我面前，她真的是如传言般，安静得不怎么说话。

与此同时，高盼三番五次的示好都被罗塔塔视而不见了，我终于在一个恰当的时候小心地问了她。罗塔塔当时正在画室练习画野菊花，我放下手中的画笔，慢慢地凑了过去，"小塔，你有没有感觉到，我们班的那个高盼好像喜欢你。"

"是吗？"罗塔塔没有抬头，继续作画，我甚至看不到她的表情，判断不出她的心思。

"对啊，我发现他每次看你的时候都是欲言又止的样子。"我故意循序渐进地引导她，然后在她抬头发呆的空隙丢下一枚炸弹，"小塔，你喜欢他吗？"

"不知道呢。"罗塔塔收回了她那放空的眼神，再次埋下头继续画画。

我气结，看着安静的罗塔塔也不好生气，只是自己一个人喃喃自语着："喜欢就是喜欢啊，不喜欢就是不喜欢啊，怎么会不知道。"

"喜欢一个人，只喜欢一天好吗？"罗塔塔说完便收拾了画纸，安静地走出了画室，留我一人犯起了嘀咕，难道喜欢一个人，不该是想要长相厮守那种吗？喜欢一天算什么。

或许从没有爱上他

高盼约见我的时候，已经下了晚自习，为了避免罗塔塔撞见我们，我们去了黑漆漆的操场上。

夜黑风高，高盼兴奋地拿着可乐和菠萝包在我眼前晃悠，我刚准备接过，高盼又收了回去，"现在什么情况啊？快说快说。"

我一把抢过可乐，咕噜咕噜地灌进嘴里，顺着我的肠子进到我的胃里，冰凉冰凉的，爽呆了，我嫌弃地看着高盼，"好歹你也长得有点儿好看好吗，干吗把自己弄得跟没人要的似的。"

高盼不爽地回道:"好歹你也是一女的好吗,天天喝个可乐跟饿狼似的。"

"你——"原谅我已经词穷,言归正传,"今天,罗塔塔说了一句特别奇怪的话。"

"什么?"

"她说,喜欢一个人,只喜欢一天好吗?"把这个复杂的问题交给高盼之后,我终于如释重负,啃着菠萝包也不忘跟他邀功,"想了一天也没想明白,不知浪费多少脑细胞呢,真是饿了。"

"吃吃吃,肉肉肉。"高盼也陷入了沉思,还是不忘打击我这易胖的体质,最后还是想到了我们约见的重点,"那你问她是否喜欢我,她怎么说的?"

"她说不知道……"我无语地啃着菠萝包,另一只手无意地搭在高盼的肩膀上,轻轻地拍着以示安慰,"唉,你这心上人,真是神回答。"

"哗……"一束光突然照在了我们身上,刺得我和高盼两个人眼睛都睁不开了,当慢慢适应这么强的光线后才发现,我们被政教处主任发现了,并且误以为我们两个在谈恋爱,请到了政教处喝茶。

政教处主任坐在办公椅上,义正词严地展开了近一个小时的批斗,然后看着我们两个站在原地低头不语,像是知错要改的架势,于是问道:"现在你们两个说说,早恋到底对不对？"

我抬头，脸上尽显无辜，眨巴着眼睛希望能在关键时候挤出那么一两滴也是好的，"我们真的没有谈恋爱。"

"没错。"高盼淡定地站在我旁边，好像不关他的事情一样。

"没谈对吧？我都看见你们这么晚不回宿舍在操场勾肩搭背了，还要怎样才算早恋？既然你们两个都不知悔改，那么明天早会我们再见。"政教处主任放完狠话就离开了，留下我和高盼两人相视无语。

糟了，我们同时意识到，如果明天早会再批斗的话，岂不是全校都知道我们早恋什么的了，那么罗塔塔会怎么想？

船到桥头自然直，我们也该回宿舍洗洗睡了。

我回到宿舍的时候，已经熄了灯，我摸黑简单洗了个澡，然后躺在床上发呆。突然，一只手轻轻地敲了敲我的胳膊，我透着月光才看清楚，是罗塔塔。

害怕打扰到其他室友休息，我们两个静悄悄地上了天台，一上天台，我便伸直了双臂，"哇，小塔，真凉快。"

"是啊。"

"这么晚找我，有事吧。"我走在前面，罗塔塔跟在后面。

"你今天问我的问题，我想过了。"罗塔塔看着夜空的星星，认真而专注，"或许从没有爱上他，只是爱了童话。"

"啊？"

那个野菊花开了的窗台

罗塔塔告诉我，她从小就很自卑，很少去说话，因为她必须学会去倾听，她在绝望孤独的时候，每天只能独自一个人去音像店听歌，她第一次听到卓亚君的《洛丽塔》便爱上了那首歌，仿佛为她量身定做般，奇迹地吻合了。

她爱上了歌里所有的一切，海边的白沙，红色的舞鞋，以及海边的他。

我看着这般落寞讲着不为人知心事的罗塔塔，心生一阵阵的心疼，我说："小塔，你这样怎么对得起上帝，你看上帝在造你的时候一定是全心全意的，把你雕琢得这般精致好看，你让雕坏的怎么想啊。"

罗塔塔被我一下子逗笑了，轻轻地将了将耳边的碎发，看着我戏谑地说道："如果我们真的是上帝雕琢出来的，他一定没有偏心，他只是忘记了我的耳朵。"

"什么？"我有点儿没反应过来。

罗塔塔轻轻地抱住了我，在我耳边小声地说："佳佳，上帝在造我的时候，他忘记了我的耳朵，我的左耳是听不见的。"

我被这个消息震得体无完肤之时，我仿佛感觉到罗塔塔的眼泪划过了我的脖颈，那冰凉的液体也在向我诉说着，她那不为人知的过去里的所有委屈和孤单。

我轻轻地回抱住了罗塔塔，并为自己之前私心接近她而感到内疚。

早会的时候，政教处主任果然当众宣读，我和高盼的早恋行为，台下一片哗然，这才开学几周时间，居然发生了这么大的事情，处理结果便是我和高盼必须分班。

我举手示意，"要不，把高盼调到楼下那个班吧，这样我们很难见面的。"

政教处主任欣然同意，高盼向我比了个抱拳的手势，兄弟，谢谢成全。

楼下那个班正好是罗塔塔的班，这样我倒成人之美了，我只是担心，罗塔塔会不会真的误会了我们。

碍于学校已经默认为我和高盼在谈恋爱了，所以我们见面讨论的机会更少了，传纸条告诉他又怕罗塔塔的秘密被其他人看到，真是苦恼至极。

上午四节课黄金时间，全被我用来思考对策了，直到铃声响起，我才写了张纸条握在手里。在食堂吃饭的时候，我把纸条偷偷塞给了高盼，高盼匆匆吃了几口饭然后按照纸条上写的去了电话亭，拨打了一个陌生的座机号，而我，早已在校园里另一个电话亭等候已久。

"喂，苏佳佳，你搞什么鬼？游击战吗？"高盼虽然对我的行为表示了无语，但是他更想知道我昨晚的情报。

"淡定。"我先安抚了某人的不爽，然后得意地娓娓道来，"高盼，我觉得你误会了罗塔塔，她可能不是拒绝了你的表白，她应该是没有听见。"

"怎么可能？我站在她旁边说得很清楚的。"

"哪边？"

"左边。"

"那就对了。"

"什么意思？"

"嘟嘟嘟……"

"喂，苏佳佳，你搞什么鬼……"

我挂了高盼的电话，一个人飞奔回了寝室，我怕他继续问下去我会告诉他。可是，罗塔塔那么相信我才会告诉我的秘密，我突然想帮她去守护。

午休时间，我拉着罗塔塔上了天台，我觉得我有必要向她交代或者解释下我和高盼的关系。

我还未开口，罗塔塔便先笑了起来，她好看的媚眼弯成一条弧度，"佳佳，我知道，你们并没有谈恋爱，我还知道，你们认识很久了……"

"怎么会？"我瞪大了双眼。

"那个野菊花开了的窗台，应该是他家的阳台吧，我初中的时候便经常看见他在那里给野菊花浇水，当然，我也看见过你出现在那里。"原来罗塔塔早就认识我们，只是那时的我们，还不知道她在偷偷观察而已。

我不好意思地笑，"原来你早就知道，可是什么都没说，那你有听到他的告白吗？"

"没有，那天很吵，我只是右耳隐约听见他开口讲话，讲的什么却是真的没听清楚。"罗塔塔的眉角爬上一丝哀伤，她仿佛什么都知道一般，"当你故意接近我的时候，我已经猜到了，那天我没有听到的话。"

"所以你就算听到了还是会拒绝的吧。"我突然开始知道怎么去理解罗塔塔了，她是那么善良的女生，就连喜欢一个人，也只给了自己一天的时间。

"嗯，因为就连右耳，也快什么都听不见了。"罗塔塔说的时候，眼泪像断了线的水晶珠子一样，一颗颗硬生生地砸在地板上，发出巨大的回声。

我坐着飞机到海边找她

我答应替罗塔塔保守住这个秘密。

尽管高盼后来很多次地问我，你是不是知道了什么？为什么什么都不肯说？为什么我感觉罗塔塔是喜欢我的，可是她还是对我不理不睬？我始终保持着缄默。

高盼对罗塔塔的喜欢，并没有随着时间的推移和她的冷淡而减弱，直到有一天，罗塔塔没有出现在教室里，高盼疯了一样地把我从教室里拽了出来。

"苏佳佳，罗塔塔消失了。"高盼的声音里透露着无限绝望，而我也不可置信地喃喃自语道："这么快，这么快就要离开了吗……"

我突然看着高盼，眼里全是泪花，声音哽咽着说："高盼，你知道吗？……罗塔塔……她喜欢你，她的左耳听不见，她的右耳……也快听不见了，她说过，如果有一天……有一天右耳也快听不见了，她就会坐着飞机去海边，她想看看梦中的海边是什么样的，听听海浪的声音。"

"苏佳佳，你居然瞒了我这么久。"高盼哭了，这是我第一次看见这个男生掉眼泪，他之前就算打架受伤，替我背黑锅受委屈，怎么样都不会哭的他，为了罗塔塔哭了。

"高盼，你记得你答应我过要满足我任何一个愿望吗？我的愿望是，你可以坐着飞机到海边找她，她在海南。"我最终还是没有守住罗塔塔的秘密，我希望，她还来得及听见她爱的男生说一声，喜欢。

向高盼索要一个无理的愿望，是我蓄谋已久的事情，我本来打算在我们踏入同一所大学之后，让他做我一周的男朋友。我那么珍贵的机会，在遇见罗塔塔之后，突然小心翼翼地放弃了，也许，罗塔塔比我更适合去爱他。

白色的海边的沙，爱情还是要继续吧，十七岁，漫长，夏。

喜欢一个人，只喜欢一天好吗？或许从没有爱上他，只是爱了童话。

那个野菊花开了的窗台，窗帘卷起我的发，我把红舞鞋轻轻地丢下，不在乎了。

舞台就快搭好了，我们一样吗，对孤单习惯了，如果我不做自己的观众，还以为在爱着他。

我坐着飞机到海边找他，多疯狂啊，都会忘记吗？

来不及带走的花，努力开放了一个夏，十七岁，海边，他，和她。

梦想从未离开

男神快来排排坐

啊 哦

QQ群里的伙伴正很嗨地聊着自己的男神女神，翻着他们的聊天记录，猛然间就想起他们了——我暗恋过的男神们！

金 鱼 嘴

他姓张，暂且就叫他Z君吧。初一初二的时候，Z君坐在我的斜后方，不熟。他很优秀，长得很帅，大长腿，学习也不错。他喜欢用呆呆的，像那种还没睡醒的样子看人，有点儿像懒懒的加菲猫。他的优点为他招来了不少桃花，班内的许多女生已经是芳心暗许了（我也是的），至于其他班，也有很多慕名而来的女孩子来打听他，甚至于连他的小学同桌和幼儿园学校都不放过。

然后就有许多大胆的女生来向他表白了。女孩子形形色色的，什么委婉型的、开朗型的、汉子型的、萝莉型的……都全了。那段时间我是很紧张的，我总是想，那么多人里头，应该会有他喜欢的类型吧。然后就担心他会不会一不小心就答应了，自己却没有胆量去把想说的内容表达出来。

　　曾经有位女同学来询问他的QQ，他的回答很酷："QQ那种东西我是不玩的，对不起了。"那是一个善意的谎言，实际上，他的空间总是动态不断的。那个时候我特自豪，这就是我男神，百花丛中过，却片叶不沾身，而且这么委婉的拒绝也不会伤害到人家对不对，多好的一人呐。

　　一直以为，他不会有喜欢的人，那我就可以很安心地把自己对他的那种喜欢深深地藏在心底，直到永远。

　　然而命运呢是有那么一点儿捉弄人的。

　　有一天，闺蜜告诉我，Z君向她表白了。那一瞬间，我觉得整个世界都变暗了，有一种想哭的冲动。自己喜欢的人恋上自己的闺蜜，很狗血，也很讽刺，我竭尽全力把自己心里的那种痛压制住，对她绽放出了一个比哭还难看的笑容来祝福他们。

　　那几天，我沉浸在自己的悲伤里，有一种被世界抛弃的感觉。

　　然而闺蜜还是拒绝了他，原因很简单，Z君不是她

梦想从未离开

喜欢的类型。后来，我看见Z君黯然的模样，很想开口安慰，却无从下口。

你的难过至少还有我明白，可我的伤心，谁又会懂?

白 衬 衫

我是在考场里遇到辰的。那个时候正逢期末考，测试的是物理。看着那些让我崩溃的题目，真的有一种想把试卷撕掉的冲动。天气闷热，窗外连绵不断的蝉鸣和教室上方正"呼啦呼啦"的风扇，更加让我烦躁不已。

不悦地抬起头，想放松一下。而我的视线却定格在一张好看的侧脸上。浓眉毛，长睫毛，挺鼻梁，白皮肤，很帅气，这就是辰。那一刻，我好似吃了一颗定心丸，烦躁逐渐化为平静。心里隐隐约约有一份喜悦和激动在悄无声息地蔓延。

后来考试结束了，我用龟速收拾东西准备离开考场，待教室里人走得差不多了，才奔到他的桌旁，去看他的考试标签。辰的学习很棒，班上三号，由于他是四班的，我对他的称呼就变成了"四班帅哥"。

现在想起来，当初真的很疯狂。我总是一边咒骂他们班拖课的老师，一边怀着既忐忑又开心的心情等他们班放学。每当他出现在我的视线里，我真的特激动。然后便带着满满的幸福感很开心地跟在他的后面，直到他上了父母接送他的汽车，以至于我到现在都能流利地说出他家那辆轿车的车牌号码。

后来我发现辰很喜欢穿白色的衬衫，不张扬，看起来有那么一点点的高冷。嗯，白衬衫。大高个，长得帅，气质纯净，乃是我绝对理想的男神。辰呢，不管是外貌，还是气质，都像极了《何以笙箫默》里大学时代的何以琛，用闺蜜的话来说，简直就是一个模子里刻出来的。

后来，和他同班的一位朋友告诉我，辰有喜欢的女生了。那个女孩儿后来我也见到了，文文静静的，很有气质，给人一种小家碧玉的感觉，她和辰两个人也算是蛮登对的。

没过多久，分班了。他在七班，我在二十五班，两个班在不同的教学楼上不同的楼层。紧张的学习气氛也容不得我再像从前那样关注他了。于是，我遇见辰的次数更少了。

是的，他是何以琛，但遗憾的是，我却不是他的赵默笙。

小 虎 牙

新学期刚开始的时候，L坐在我前面。喜欢上他，是因为他是一个十足的暖男。L的数学特别好，上课的时候，他会翻漫画，也会写别科作业，然而他的考试分数每次都很高，就是接近于满分的那种。活脱脱的一学神啊，简直就是想虐死我们这些理科学渣。

　　和L有交集是源于一次上课的时候，我的精神状态不好，一直在那边打瞌睡。接着，我就华丽丽地被老师提问了，我傻愣愣地站了起来，在那边"嗯，呐，啊"搞了半天，却什么也没说出来。老师的脸色越来越阴暗，当我觉得自己这辈子快完的时候，救星L在下面很小声地提醒道："Represent加名词，名词名词名词。"于是最后，我终于成功地逃过了一劫。

　　可能是心怀感激吧，我开始频繁地向他借物理试卷、数学试卷、化学试卷……每次看着考卷上他能甩我一百条街的分数，我特想切腹自尽。

　　然而我的暖男L是很善良的，他每每看着我准备和一些简单的题目死磕到底的时候，都会很无奈地给我讲解。有段时间我把他当成了目标，拼命地学，到最后是进步了不少。

　　后来和他混熟了，两个人就开始聊人生啊，理想啊，未来啊，整天在教室里边瞎扯。L比较黑，有的时候我会调侃他，但L真的很自信，他的回答一般是这样的："我长得黑说明我不是一个肤浅的人。""知道吗？黑的人是太阳的化身哦。""我黑是因为我想暗中保护我要保护的人。"很多次我都想问他，谁是你想保护的人，然而我又很害怕他的回答。

L很喜欢笑，挺活泼开朗的，他笑的时候更加好看了，最突出的是他的两个小虎牙，尖尖的，很可爱。如果说Z君像一只慵懒的加菲猫，那么L就如同是一只又大又软的泰迪熊，待在他的身边真的很让人安心。

现在呢，L还是坐在我的前面。我们两个依然喜欢在教室里聊理想人生，他还是会在我答不出问题的时候提醒。在他眼里，我是他的好兄弟，我也觉得吧，做他兄弟也蛮好，至少有接近他的理由。

的确，做L的哥们很棒，但我更想做的，是他的唯一。

他们几个我一个都没有开口表白过，但是也因为他们，我的青春变得更加丰富多彩了。感谢那些路过我青春的男神们，愿你们日后一路安好。

谁陪我走过

安娜苏

1

从梦里醒来时，昨夜的雪已经停了，裹着厚厚的绒衣，站在灶前煮早餐时，忽然就想起了爸爸。

幼年时，住在北方小镇，冬天渐渐变深后，大雪一场接一场地下，纷纷扬扬地把整个世界都染白。贪恋温暖被窝的我，躺在床上翻着故事书，爸爸在屋外铲雪，铁锹摩擦坚硬土地的"嚓嚓"声不绝于耳。

他偶尔在屋外喊我的名字，哄我起床吃早饭，大多情况下，桌上摆的是一碗香气四溢的鸡蛋面。清透的汤底里，卧着几缕细细的面，葱花切得细碎，虾仁藏在面里，圆鼓鼓的荷包蛋沉在碗底。

爸爸爱坐在桌对面，一边择菜，一边跟我有一搭没一搭地聊天。他不厌其烦地跟我描述，过去在温州当兵时的趣事，讲他路过的城市。看得出来，爸爸留恋往昔，向往更广阔的世界。

一碗面吃完后，浑身都热了起来，我跑去邻居家，拉着伙伴们一起在雪地里撒野。

那么欢快的时光，竟然一别逾十年之久，偶尔翻看老照片时，会深感岁月有着不容反抗的力量，裹挟着我的青春和故乡，不回头地向前。

这个雪停的清晨，我又煮着鸡蛋面，想着三百公里外的故乡，想着很多年了，没机会听到爸爸铲雪的声音，竟怀念到眼眶微热。

和爸爸最近的一次聊天里，我们说起家族中某某即将跨入人生新的阶段，说起这座城市在修的地铁，说起上半年待实现的目标。

原来已经到了曾经以为很大人的年纪了，那些童话书中粉红色的梦，像阳光下的美丽泡沫，短暂丰盈过我的心房后，接二连三地破碎了。

生活的重担，我从左肩换到右肩，爸爸鬓角脑后的白发，也似麦芒扎进我心尖，烙进我的瞳孔。

2

和爸爸搬到这座城市是2005年的夏天，超级女声的热

梦想从未离开

潮席卷全国，报纸杂志的头版，印着前三甲的照片，广播里循环放着她们获奖的歌曲。

初来乍到的我不会说当地话，没有人愿意和我做朋友，课堂之外的时间无可打发，于是被爸爸拉着，用双脚丈量了一整座城市。

摊开地图，把所有公园、山林圈起来，计划好步行路线，背着水和零食，便兴冲冲前往。路程远近不一，有时在炽热的柏油路上走了三小时后，也会焦躁地想放弃，板着一张脸站在绿荫下，一步都不肯往前走。

爸爸常挂在嘴边的一句话，就是目的在第一百步的地方，那前面的九十九步都是没办法绕过的。所以，你要走，你不能在半途认输，否则之前的积累都是白费的。

某支老歌中，有一句词这样写道：多么熟悉的声音，陪我多少年风和雨，从来不需要想起，永远也不会忘记。

爸爸的这句鼓励和这行歌词，自少年时期陪伴我走过每一个转折点，尔后再有想轻易放弃的念头，都觉得字字如手，揪着我的头发，让我能擦干眼泪挺直脊背，继续修炼打怪的能力。

从盛夏到隆冬，我们探访了这个城市的角角落落，由暂居客变为长住的熟客，原先如履薄冰的状态终于慢慢好转了。

彼时的我，为了尽快融进班级，拼尽了全力学语言，向他们主动示好，翻看娱乐报，只为了在他们讨论明星时，我不会被尴尬地晾在一边。

可放学回到了家中，再说起熟悉的乡音时，一瞬间会有强烈不适应感，那种落差，像是一个戴着假面的小丑，他所有的强撑和伪装，在此刻原形毕露。

那一年的我还太年轻了，自私到只会无休止地抱怨，怪父母的各种不提供，却不曾想过他们和我一样，承受着来自不同方面的压力。

往事十一年，我们过得比从前更好，我的当地话熟练到别人听不出半点儿口音，可我也失去了用双脚丈量城市，拼命吸收一切新鲜知识的劲头。

得失不在一朝一夕，我在日记本上写下了这句话，安慰迎来第二个本命年的自己。

3

"成年人的世界里，没有轻松二字。"

某一天的城市晨报里出现了这句话，我坐在沙发里，一边吃着零食，一边读给做饭的爸爸听。他哈哈笑了一声，原本切菜的手停下来，看着我说："但，为了最后的那一步，前面的困苦都要坚持下去的，你在工作中也要做到这一点。"

两个人围着热气腾腾的菜而坐，边吃边聊，午后的阳光从窗户投射进来，在桌面上映出一个个耀眼的光斑。

这个不用焦虑工作的午后，我忽然生出几分疲倦，放下碗筷后，躺在窗边的床上，很快沉入浅浅的梦里。朦胧间，感觉到爸爸伸手为我盖上毯子，身上的一片暖，让我连日来紧绷的神经得到舒缓。

梦里，又回到2014年的某个冬日，我和爸爸去银行办事。凛冽的风迎面吹来，我瑟缩着脖子，躲在他身后。不知道提及了哪个话题，他说起半个月前经历的一场小车祸，得福于命运的眷顾，只是些皮外擦伤，他那样轻描淡写地说完，我别过脸去，泪如雨下。

因为长期两地生活的缘故，我们对彼此的照顾并不那么周到，彼时抓紧了他的手臂，想补上迟到的安慰，但想了片刻，竟也不知道该说些什么。

很多事，沉重婉转至不可说，而最亲近的人之间，连表达爱，都觉得如鲠在喉。

4

此刻，窗外又开始飘雪，细细小小的雪花从高空坠落，地面很快凝成一层白。我拨了一通电话，嚷着要回去吃午饭，爸爸在那头连忙说好。

撑伞走在行人寥寥的街上，偶然回头，发现脚印已被大雪覆盖。过往岁月的脚印，也被飞逝的流光覆盖，可我终于想明白，这一路是谁陪我走了过来。

世界谁倾听你

林舒蓝

多希望有一个像你的人，但黄昏跟清晨无法相认

十月天转凉的秋季，周芷艾买了十件外套遮住臃肿的身材，花光了卡里的全部积蓄。尔后打开公众号的后台页面，惊愕地捂住嘴巴，眼泪顺势而下，像瓢泼的雨水，足以滋润初秋干涸的泥土，可惜空气里没有弥漫青涩的草木香，只有楼下人家炒菜的油烟味。

后台里齐刷刷地说："大爷，您能不能换个梗啊，你笔下的故事看一遍还挺感人，换个名字当模子套好多遍，谁还要看啊。"

周芷艾忍住回复"不想看就取消关注"的冲动，对着屏幕眨巴了许多下眼睛，然后默默打开排版软件，又手忙

梦想从未离开

脚乱地抓抓头发，起身把新外套一件件挂好。就这样吧，周芷艾不管手机闪烁着的光，重新坐在电脑前，想将一个故事重复第五百二十次。

就像是给这个美满的数字举行一次盛大的典礼，周芷艾想说："这是最后一篇推送，谢谢你们陪伴我的时光。"但她心里比谁都清楚，那么久日日夜夜替莫名出现的那些读者排忧解难的人只有她自己而已，别问我为什么知道。

第五百二十篇推送

2016年的初秋，周芷艾想，世界上怎么会有这么幸运的事情降临在自己头上，升旗手受了伤，班主任像抓壮丁似的直接让她去当替补。

"喂，你到底会不会升旗？"班主任严肃地瞪着她。

"当……当然。"周芷艾结结巴巴地回答，其实她不会，只是全班同学基本上都有了护旗或是巡查的任务，只有她一个人格格不入。

班主任怀疑地望了她一眼，无奈只能死马当活马医。周芷艾也不争气，半天拽不好国旗，旁边的人帮忙后又没系好国旗的绳子，在校长慷慨激昂的讲话下落了个半旗，然后不偏不倚砸在了周芷艾头上，她下意识地转动着身体想逃脱，结果越裹越紧。

底下有人大叫猪头，于是校长把"让我们一起迎接明天的太阳"说成了"明天的猪头"。

班主任训斥周芷艾，说她又蠢又笨，这时路过一个高挑的女生轻蔑地望了她一眼，跟同伴嘀咕了一句："这种吃力不讨好的事，求我都不干。"

你渴望的事情别人根本不屑一顾，那种同龄人之间的差异太巨大了，周芷艾终于忍不住啪嗒落下了一滴眼泪，老师见状也不好再说什么，摆摆手让她回去。

可是决堤的眼泪不容易止住，周芷艾跑到操场后面像个小丑一般蹲在草丛里放声大哭，哭着哭着抬起头，看到旁边的枝条上挂着一条绿油油大得出奇的青绿色肉虫。

说时迟那时快，一声无比壮烈的惨叫砸进了周芷艾的耳朵，她的脑袋嗡的一声，定睛一看，那条肉虫已经呈一条曲线即将落到男生的胳膊上，周芷艾不知道自己在那一瞬间吃错了什么药，居然一挥手把肉虫打偏了方向，让它掉进了草丛里。

男生愣了一下，虚弱地道谢，周芷艾好奇，"同学，你还好吧？一只肉虫而已。"

"我不是害怕，"男生顿了一下，"它上面全是点，我有密集恐惧症，看到了就忍不住想吐。"

周芷艾一听就乐了，"原来世界上还有那么神奇的病，那你小心一点儿，别再看到就行了。"

男生很沉寂地笑了一下，映照着绿荫间漏下的斑驳

梦想从未离开

日光，周芷艾歪着脑袋挥手和他告别，男生突然又转过了脸，"喂，你的脑袋被国旗杆子砸得还疼吗？"

原来自己被认出来了，周芷艾不好意思地低下了头，再抬头，眼前只剩下明媚耀眼的让她睁不开眼睛的温柔阳光。

全世界谁倾听你

周芷艾在去高二新分的班级前，和周妈大吵了一架，纸包不住火，周芷艾开倾听帖的事情不知道被谁传到了周妈的耳朵里，周妈砸碎了一个杯子，"你都要上高二了，这是在干什么？暑假没说在家里背背书，天天弄这些有用吗？"

"我喜欢，他们也愿意跟我说自己的心事。"

"人家把你当垃圾桶你还把垃圾当宝贝呢。"妈妈狠狠地说。

"你凭什么这么说？就算别人把垃圾倒给我又怎么样，反正在你眼里我就是垃圾。"周芷艾颓败地靠在墙上，一味否定的话语像一根针，将她原本就卑微的情绪刺得千疮百孔。

"好，从今天开始你不用去学校了，反正你是垃圾，去了也没用。"周妈一把抢过周芷艾的书包，将里面的书七零八落地倒在垃圾桶旁，周芷艾伸手去抢书包，被一把推到了地上。

"我不过就是觉得自己一无是处，要是能让哪怕只有一个人觉得温暖我也觉得自己的存在有意义！"周芷艾几乎是吼出了这番话。

"那你先关心好家里人吧，要是你随随便便就考到年级前几名，还用我花钱给你找人分到实验班吗？"

"我不需要。"

"那你现在问问贴吧上有没有愿意给你出个打车的费用，让你好歹能看见新班主任一面。"周芷艾不知道自己是哪根筋搭错了，气急败坏地打开贴吧，一字不差发出了这句话，顺便留了支付宝的账号。

没想到眼角的泪还没干，周芷艾就收到了提醒，支付宝上多了五十元，还有一条留言，"别跟阿姨吵架了，快来学校吧，老师提前到了，点了你的名字好多遍。"

周芷艾看着这个陌生的昵称有些懵，好在终于堵住了周妈的嘴，但她还是没能赶上新班级的第一节课，等她跑进班里时，只剩下几个男生在打扫卫生。

周芷艾看到一个面熟的男生，怯懦地问他："老师有没有发什么资料？"

男生转过头，笑得无比灿烂，周芷艾尴尬地站在那里，听见男生温和地说："周芷艾，我叫席桉，看来你打车来还是没赶上啊。"周芷艾突然想到，这就是那个问她疼不疼的少年。

席桉心满意足地看着周芷艾从惊愕到满面潮红，想道谢又不知道怎么开口，别别扭扭站在那里，像一只迷路的白兔。席桉就这样成了周芷艾在这个班里最熟悉的人。

书上说，害怕失去的，都是轻易得到的东西，因为你努力去获得的，已经收获了满满的过程

周芷艾想，席桉于她，大概就是这样的存在，他们之间的差距，没有任何尺子能丈量得过来，周芷艾在班里的排名比席桉年级排名还要靠后，并肩走过同学身边，打招呼的人永远是席桉。

说这些话时，两个人已经亲昵到班里传满了绯闻，他们不理会，更不会否定，只有周芷艾在心底存在着一抹希冀，他们之间干净得像一张白纸。

一个女生最卑微的仰视不过如此，觉得自己不配套住身边之人，只能以朋友的方式相处两不厌。

转眼到了这一年的圣诞节，正赶上周末，席桉问周芷艾能不能出来玩，于是周芷艾提前三天开始和周妈周旋，说去一个女生家玩，换来了一天自由的假期。

圣诞节温暖的红色铺天盖地，周芷艾正对着一家饰品店里的八音盒发呆，就被一波人群推向了二楼，无论怎么挣扎也跑不出来，从人群中伸出一只温热的手，紧紧地拉着她的手把她拽出人海。紧到让周芷艾感觉到席桉的紧张，手被勒得生生地疼，心里却被一种异样的温暖紧紧包裹。

只是好景不长，一声断喝打断了他们，"周芷艾，你不是去同学家玩吗？你在干什么？"周妈狰狞的面孔突地炸在眼前，周芷艾慌张间甩开席桉的手，被周妈一把抓住推搡了几步。

"阿姨，你要把周芷艾怎么样？"周妈的手正要狠狠拍在周芷艾的身上，身后突然传来席桉的声音，"是我非要她出来的。"

"一个巴掌拍不响，而且你居然敢撒谎！"周妈的声音里带着让人忍不住战栗的恨，"有这个时间不待在家里复习，要月考了不知道吗？"周妈钳住周芷艾的胳膊，像拎小鸡一样把她往旁边的车站扯，却被席桉突然拽住，"阿姨，你能保证回去不指责她吗？周芷艾为了和你维持好关系受了多少委屈您知道吗？"

周妈猛地转过身，"周芷艾，你到底在多少人面前污蔑了我什么？"

漫天都是气球，席桉挣开周妈抓着周芷艾的手，大步流星地穿过了人群。

玩累后他们找了一家二十四小时的便利店，周芷艾想忍住困意，让席桉给她讲故事。

席桉突然笑了，"周芷艾，你知道我第一次见到你是在哪里吗？不是升旗那次。"说完，席桉突然坏坏地笑了。

那一次是席桉人生中最失落的一天，不想回家就去网吧上网，被喝醉酒的爸爸抓回家后狠狠地甩了一巴掌，他妈妈上前阻拦，他爸将他妈推到了地上，直直磕在了板凳脚上，他爸说："连个儿子都管不好，你有什么用啊！"

妈妈的腿一直在流血，爸爸一直在怒骂，席桉逃跑了，像个懦弱的逃兵一样，他实在不知道该怎么办。他蹲在草丛边玩手机，听到一个女生跟他一样倒霉，哭得稀里哗啦的。等他走近，却惊讶地发现，那个女生一边在一个帖子里说自己的心事，一边在另一个帖子里为许多人排忧解难，解忧的帖子在一个温暖的贴吧里，人很多，他找到后在下面留言，女生飞快地回："不要管你爸，把你妈送去医院包扎。"女生说了很多，温暖如一道春风。

席桉说："就觉得你很温暖，像太阳一样。"席桉在KFC的桌子底下悄悄拉周芷艾的手，周芷艾有点儿犹豫，想说做朋友多好啊，永远不会陌路，可是实在不忍心丢失这份醉人的温柔。

一整夜周芷艾只给家里发去了一条短信：我很好，今天晚上不回去了。

转日，周芷艾昏昏沉沉回到家里，周妈破天荒没说一句话，默默为她铺好了床。周芷艾躺在床上却开始辗转，一切都仿佛一场新鲜的梦，他会在日益相处中看到我平凡到骨子里的气息吗？会觉得我笨拙不堪拖他的后腿吗？望着天花板的木块上倒映的影子，他会慢慢觉得臃肿无比的我配不上他吗？

这些话只能在静寂的晚上问自己。

多希望你就是最后的人，但年轮和青春不忍相认

周芷艾和席桉在一起后的第三个月，她花了整整一个月心血写完的故事，被周妈发现后删除了文档，撕毁了所有的初稿和改稿，那是她和席桉完完整整的故事。笨拙的女生遇见喜欢，会想要把一切美好留下来，一字一句地、心心念念地。

在她的苦苦哀求下，周妈才没有找班主任要来席桉父母的电话号码。

班主任知道他们的事情惊讶无比，连连说不可能，"席桉可是我们重点培养的学生。"

周妈转过脸问："你觉得你配吗？"

周芷艾一瞬间天旋地转，头也不回地跑出办公室，正迎上焦急等在门口的席桉。"你没事吧？他们说什么了？"

周芷艾不吭声，独自低头走得飞快。席桉一把拽住她的手，"周芷艾，他们到底说了什么？"

周芷艾把头埋得很低，不想让席桉知道她莫名其妙地哭了，席桉说过，他现在那么努力，就是想和她有一个美好的

未来。所有甜言蜜语都温柔，不论这句话说得有多简单。

可是此刻周芷艾能说什么呢？让他不要再学习了，和她一块儿实现自己白日做梦的破梦想？这样毁了自己，也毁了他，或者毁了他们之间维持着感情的最后一丝情意。周芷艾不想在席桉面前哭，也不想开口。

席桉站定，"你真的不愿意说吗？周芷艾，你知不知道，很多时候我都觉得自己离你特别遥远。你的内心太强大了，你老是说我是学霸，什么都好，觉得走在我身边不自在，那我们分开吧。"

周芷艾猛地抬起头，席桉看见她的眼泪，抬手替她擦掉，语气柔软下来，"我说的是气话，你别哭。"

周芷艾点点头，为此刻贪恋的温柔不动声色，说出去的话就像泼出去的水，永远也收不回来。转眼期中考将至，周芷艾和席桉像马不停蹄的陀螺，一个忙着做她的知心大姐姐，一边努力写字赚钱，席桉则是直接把办公室当成了根据地，每天捧着一大摞题目去求学。

周芷艾不知道该怎么找席桉，直到蒋楚艺坐在自称忙得没有时间说话的席桉身旁和他谈笑风生，两个人笑靥如花，眉眼如山如月般动人。蒋楚艺就是那天，在升旗后轻易一句话将周芷艾打败的女生。

周芷艾跑去操场一圈圈地走，她不是不相信席桉，她不相信的是她自己。什么疏远了就彻底远了，她只是自己没办法勉强自己，她不敢主动靠近，周芷艾在这个初冬得了一个病，叫无论看谁和席桉站在一起，都觉得他们无比般配的病。

沉默就沉默永远，周芷艾已经整整一个星期没和席桉说一句话了，网上也只有每天僵硬的晚安，不是颜团子可爱的晚安表情，是没有温度的两个字。其余再无他言，像例行公事一般。

寒冬腊月的初雪如约而至，却没有那么纷繁的美好，周芷艾和席桉从考场出来，三个星期来第一次单独相处，一路上无言，帆布鞋踏在雪地上，留下一行又一行沉默。

席桉终于开口，"要不我们各自都休息一下吧。"陈述句，没有丝毫商量的余地。

周芷艾点头，听见自己的世界一点点崩塌的声音，他们在周芷艾家的楼下分开，周芷艾四肢僵硬地爬了几层楼，才发现自己一直在发抖，自始至终都不能相信，那个为她冲去她家里和她妈妈争辩又把她带走的人，就这样轻易将她扔了下来。其实她也想每天把碎碎念告诉席桉，她是一个很好的倾听者，却总是怕说完自己的心事会被嘲笑嫌弃，她什么自尊都不想要了，自卑算什么，笨嘴拙舌又算什么。

从你的全世界路过，把全盛的爱都活过

席桉开始躲着周芷艾，周芷艾就堵在他家楼道下面，

惊喜地看见他家的灯光忽明忽暗，低下头眨眨眼睛，才发现那里一直暗着，根本没有一抹灯光亮起。

周芷艾不知道，席桉正躲在她旁边转角的木栏杆后面，像个小偷一样准备找机会上楼，可惜最终还是被周芷艾抓了个正着。

"到底为什么？"周芷艾喏喏地开头，那一瞬间，她竟然叫不出席桉的名字，那两个字像一个魔咒，她一想到心里就一个激灵再不停地有暗流翻涌。

天边的云晕开玫瑰色的斑斓色彩，席桉说："没有理由，不能在一起就是不能在一起。哪有那么多为什么。"说完席桉几个箭步冲上楼，周芷艾下意识地飞扑向前，拽住了席桉的裤脚，然后摔倒在楼梯上。

这是他们形同陌路后的第三个月。

席桉被周芷艾的惯性甩了下来，头重重地砸在楼梯上，不省人事。

席桉醒来时，看到的是躲在病房外偷偷摸摸朝里看的周芷艾，紧接着觉得肩膀有点儿火烧火燎的疼。他别过脸，惊愕地看到上面被文上了周芷艾三个清晰娟秀的小字。像一朵小小的蔷薇，温暖又刺伤了心底密密麻麻的情绪。

席桉回过神，声音不高地说："周芷艾，你疯了吗？"

周芷艾的嘴唇不停地颤动，最后眼神里飘过了一丝疯狂的神色，"席桉，这三个月里，每次家里争吵到让我崩溃的时候我都会梦到你，大概是你当初给了我安宁的缘故。我做这种可笑的事，就是希望在几十年后，你变成一个有着啤酒肚的可爱孩子的爸爸或者白发苍苍走路都需要人扶的老人时，你看到这块伤疤，还能对现在的疼心有余悸，能记得我，记得我是你的初恋。"

"有意义吗？"席桉的表情突然变得很冷。

"……没有。"周芷艾颓败，"可是一想到你会忘记我，我就好难过，随时都可以落下泪来。"

"席桉，你不怕疼可以用熨斗把文身烫掉，反正疤痕也可以提醒你。我做了这种事，就没想过你还能把我当成普通的朋友，我也不会再纠缠你了。"

周芷艾转身，想像电影里演的那样头也不回地离开，可是没忍住一步三回头。席桉没看她，隐约能感受到垂下的脸颊没有丝毫表情，周芷艾想起他亲昵地和别的女生打作一团，心里蔓延开无限的失落。

终究成为不了适合站在你身旁，让你自然而然温柔开怀的人，就像《从你的全世界路过》里，猪头拍着燕子乘坐的出租车门不停地说："要幸福啊。"然后车飞驰而去，猪头拼命地追，没忍住大声喊："燕子，没有你我怎么活啊！"

很久没有被电影戳中泪点的周芷艾就这样不能自已地哭了，猪头像个和她一模一样的小丑，转身放不下。

如果你肯爱我，我一定会非常勇敢地努力活下去，但你不回来，我也只能把自己变成一个金刚，不会成为别人的公主。周芷艾的故事不会再继续了，从熟人变成陌生人，就没有可能再亲昵起来了，别问我为什么知道。

每一个故事都真真假假，如果我是A面，周芷艾就是我的B面，替我完成我所有不敢做的事情。我拿一根筷子让磁带绞带，就成了现在这个一想起来就忍不住鼻酸的故事。

替周芷艾和我一起怀念，2016年与他共同度过的所有美好到骨子里的凉风天，有一个人陪伴她，从流火到初雪。可是后来，她总爱默默倾听全世界，全世界谁来倾听她？

拖延症Q小姐

骆　可

1

Q小姐总是在最后一秒进教室，最后一分钟交作业，最后一天买那犹如大海捞针一样难得的春运火车票。

在别人大包小包往家奔时，她只能一个人坐在宿舍里发呆。

她觉得没什么大不了的，总会有那么一两个人想不开，在火车开走的前一分钟退票的。

楼下有人声嘶力竭地喊了很多遍，503的小Q有你包裹！十分钟后，拖延症小姐才不紧不慢地下楼来。

她看一眼快递小哥，慢吞吞地自牙缝里挤出两个字：拒收。

快递小哥以为听错，她又重复了一遍后，像只慢镜头的乌龟一样往回走。气得快递小哥鼻子歪到天上去。

你不会在楼上喊一句吗？害我在楼下等这么久！

没办法呀！没拖到最后一刻，她也不知道要不要拒绝那个男生的心意。

没错，就连拒绝别人，她也是这样慢腾腾的。

可她最近却得了另一种怪病——

强迫症。

是的，就是强迫症。

她明明不想看他的，明明不想故意绕个圈经过他的班级，明明没有必要立即马上跳下床穿上衣服跑出去，只为了确认他说的那面墙上到底有没有一幅鸟的涂鸦。

她觉得她的拖延症不治自愈了。

2

Q小姐最近买了很多书。

《脑锁》《心灵杀毒》《不能停止洗手的男孩》。

她一本一本地看，一页一页地细读，读到后来，还是没有答案。她再一次跳下床，穿上衣服，跑出去。

她站在秋风的肃杀里，在那面墙上一遍遍地寻找那只鸟的影子。

她觉得她快疯了。

她慢慢地往回走，走了很久，发现还在围着操场绕圈子。她的拖延症又犯了。

她走了一圈又一圈，走到夜莺入林，才慢吞吞地回了宿舍。

接下来，她强迫自己不去看他，看他一次，就用针扎自己一次。扎到后来，她忍不住哭起来。

太疼了。

她觉得她要把自己扎死了。

后来，她又试了很多虐待自己的办法，最后统统宣告失败。

她可以将英语单词拖到考试的前一天晚上，通宵不睡背完。可以牙坏了不去补，拖到后面整颗牙都不能要。可以在网上买完东西有问题，拖到过了七天无理由退换。

更夸张的是——

有一次，懒得去教务处查看补考时间，最后拖到那个自己以为离补考还差一天的时间。结果去看时，已经考完了。

那一刻，她好想掐死自己！可下一秒，还是乖乖就范。

她的口头禅是：等一下！等一下再做好了，等一下再看好了，等一下再背好了，等一下……

可她怎么就不能等一下再喜欢一个人呢。

3

　　Q小姐觉得自己是个神经病。

　　她穿过层层的人群，穿过食堂里梅菜扣肉的味道，穿过拿着餐盘等座的女生，在他看向自己时，却又躲了起来。

　　她的心跳得好快，像一列轰鸣而过的列车。

　　她将餐盘递过去的时候，鬼使神差地打了一份她曾认为是世界上最难吃的莴笋炒肉。

　　后来，她又陆续打过鱼香藕片、凉拌苦瓜、清炒芥菜，甚至连鱼腥草、苏子叶这种用来毁灭世界的奇怪东西，都出现过在她的餐盘中。

　　她只是忍不住，忍不住打了和他一样的东西。然后坐在那里，似乎只是为了看清每一叶菜的纹理而已。

　　再后来，她逃掉了一堂毛概课，只为了去男生宿舍楼下看一眼，那左数第二根的晾衣绳上挂的到底是不是他的袜子。

　　她站在下面，辨认了半天。

　　袜腰上有三条细细的横杠，最上面是浅蓝，中间是嫩黄，再下面是比墨绿再深一些的颜色。

　　是它，是他的。

　　她躲在操场的暗影里，看过他穿着它打球。他拔地投篮时，她仔细地在心里记过。

浅蓝，嫩黄，比墨绿再深一些的颜色。

她还记过其他东西。

他走路时一定先迈左脚，他从教室出来到厕所通常会走二十七步，他的饭卡喜欢放在右面裤袋里，他的头发距离衬衫大概有六厘米。

在九月的天空下，在白袜子招展的风中，她的整颗心瞬间舒展开来。

4

Q小姐脑部的链条，又发出那种咔嚓咔嚓慢慢锁紧的声音。

让她感到害怕的是，她感觉她的眼睛，包括她的脑子已经不是她自己的了。

她开始在心里重复他的名字，一遍一遍，生怕忘掉。她认真看清他班级门牌上的每一个字。

经贸系（2）班。

甚至连括号里的那个2都看了半天。

她掏出纸笔，在上面记下她确认的内容。

她的人生充满了不确定感。这让她心慌，让她害怕，也让她痛苦，但她停不下来。

他和外语系的师兄多说了一句，她想了一整个晚上，他和他会说些什么。她假装和外语系师兄偶遇，东拉西扯，最后弄清他们那天到底说了什么。

话剧演出结束后很久，他才一个人从后台出来。夜里，她偷偷溜进礼堂，去看一眼幕布后面到底有什么值得他逗留。

他戴了新买的眼镜，她便坐了两个小时的车，为了确认一下圣保罗是否有同款眼镜，他是不是在那里配的。

然后呢？然后在回去的路上，骂自己傻，神经病！说下次再也不要这样。她甚至诅咒过自己。可下一次，她知道，她还会那样做。

她不仅仅要知道鸡蛋，还有知道鸡蛋是怎么下出来的，这过程中都经历了什么。

她要弄清楚。

5

Q小姐终于被注意到了。

她有些惊慌，有些欣喜，有些不知所措。

她要怎么解释，说她之前的种种行为只是因为喜欢他？可她的拖延症又大驾光临了。

它说等一下再解释好了。

她便就地投降了。

还好，他什么都没有问。他站在阴雨缠绵的街头，把伞倾过来，说要不要一起走？

她呆愣在那里。

他又问：要不要一起走？

这是她幻想了很多次的场景啊，为什么发生时会觉得那么不真实呢？她低着头，数着脚下的雨花，听心脏在胸腔里发出欢快的声音。

这一次，Q小姐的拖延症真的不治自愈了。彻彻底底。

她早早地去食堂，早早地去教室，早早地去图书馆，早早地去游乐场……她不愿意让他等一分一秒。

是的，Q小姐恋爱了。

和他。

他们一起在食堂吃饭，在教室上自习，在图书馆看书，在游乐场坐旋转木马……在日落的余晖里，他把高仿项链挂在她的脖颈，说我喜欢你。

她和他，真的在一起了。

可是Q小姐却发现自己越来越担忧，越来越害怕，越来越……她不知道要怎么形容那种感觉。

就是你明明已经拥有，却感觉一直在失去。

6

Q小姐真的失去了他。

她发现这个事实的时候，连自己都吓了一跳。

那是一个很不起眼的女生。齐耳短发，眉毛很淡，五官很淡，连嘴巴也有点儿奇怪。

她并不是他们学院的，她住在与他们隔了一条马路的文学院里。她早上六点准时去操场锻炼，喜欢买柠檬味的洗发水，只吃香芋味的派，等他的时候喜欢用鞋子碾地上的泥。

对了，她叫草莓。

她是在一个星期后，和草莓小姐摊牌的。

草莓小姐去地铁站，她跟在后面。草莓小姐一个回身，撞个正着。草莓小姐皱着眉头，说你已经跟踪我很多次了，你到底想干什么！

是啊，她到底想干什么呢？

其实她还没想好，她只是想知道他为什么突然就不喜欢自己了？草莓小姐到底比自己好在哪里？

草莓小姐眉头皱得更厉害了，她说如果你没事请，请不要再跟踪我了！

她差一点儿就点头了，差一点儿就向草莓小姐道歉了。

可她为什么要点头！为什么要道歉！道歉的人明明应该是他，和抢走他的草莓小姐啊！

她捏紧手心，看向草莓小姐。

你为什么要抢走我的男朋友！

第二天，草莓小姐和他吵架了。

很生气的样子，胳膊在空中挥舞着，嘴里一直在不停地说着。他好像试图去解释，被草莓小姐狠狠地推开。然后他顺着草莓小姐的指尖，看向她的方向。

她明明应该站出来的，应该走上去，问他为什么要劈腿要见异思迁？

可她却躲了起来。

她也不知道自己要躲什么。

7

Q小姐在等他回头是岸。那天她躲起来以后，看到他和草莓小姐愤愤然地朝着相反的方向走去。

可一天两天三天。过去了很多天，他还没出现。

他和草莓小姐居然和好了。

她拦在草莓小姐的路上。她觉得如果没有草莓小姐，他现在还会和自己在一起。

草莓小姐刚开始还耐着性子，说你是不是弄错了，认错了人。

怎么会？她冷笑。就算他遁地化成灰，她都不会认错，又怎么会认错他身边的女生！

可他说，他之前从来都没有女朋友啊！草莓小姐的声音里有了隐隐的不耐烦。

是吗？她开始大笑。

那他是不是更不会承认在阴雨天里将伞倾过来，没有和我一起在食堂里吃过饭，在教室上过自习，在图书馆看过书，在游乐场坐过旋转木马，更没有在日落的余晖里把项链挂在我的脖颈上对不对！

她笑，笑到泪流满面。

这些都是实实在在地发生过，他怎么可以说他从来都没有女朋友？！那么她呢？她是什么！！

她红着眼，想知道答案。

这一次，草莓小姐眼睛瞪得大大的。那里面有惊恐，有慌乱，更多的是难以置信。

她说我想起来了，我认得你了！

你看，草莓小姐终于想起来，她才是他的女朋友。

8

他终于来找Q小姐了。

他说，我求你，放过我。

呵。他说什么，求她放过他？他为什么要求她？只要他回头，对她像以前一样，他们就可以继续在一起啊。

他看她，眼神里有了疲惫和无法摆脱的恐惧。

他已经怕她了吗？为什么要怕她呢？她只是喜欢他啊。而他，曾经也是喜欢她的不是吗。

她探出手，他条件反射般地后退一步。她的心痛得一片麻木。她从衣领里拉出那条项链，她只是想让他记得，他曾经说过喜欢她。

可为什么？为什么在他看到那条虽然是高仿，却可以刻上他名字简写的项链时，却惊恐到无以复加！

他真的不爱她了。

不爱了。

可她不甘心！她写信给他。给他的导师，系领导，院领导。她要用一切办法挽回他的心。

于是，整个系，整个院都知道了他和Q小姐。

当然，还有草莓小姐。

这一次，草莓小姐真的和他分手了。草莓小姐受不了走到哪里，都有一群人指指点点，更受不了那双暗中盯着自己的眼睛。

草莓小姐神经衰弱了。

她说我把他还给你了，求你不要再出现了。

9

草莓小姐消失的第二天，导师、系领导、院领导分别找了他谈话。他垂丧着头出来。

他找到她，将她逼到天台的围栏边。他的眼睛里喷着火，怒不可遏地问她：你就真的这么喜欢我吗？！

她被摇得站不稳，她所做的这一切不都是因为爱他吗？难道她做错了？她的爱让他有负担了吗？而一直以来，她都希望他可以开心，因为她而开心。

他狠狠地盯着她，问：那是不是为了我，做什么都可以？

她点头，用力地点头。如果能让他开心，能让他再喜欢自己，他说什么她都会去做。

于是，那个残阳似火的傍晚，她变成了一只飞向空中的相思鸟。

这一次，她没有拖延，甚至连犹豫都没有。她真的像一只鸟一样，从天台上飞了下去。

下坠的过程中，她看到了一幅幅奇丽的画卷。

阴雨缠绵的天气里，他将伞倾过去，可为什么伞下会是——

他和她一起在食堂里吃饭，她的脸一点点变模糊然后变成——

他和她在教室上自习，他看她的眼神，慢慢聚焦到另一张脸上——

他和她在图书馆，他在本子上反复写一个名字——

草！莓！小！姐！

为什么会是草莓小姐？！！

明明应该是她才对啊！！

而那条项链，那条在落日落余晖里他送她的项链，为什么会在草莓小姐床头的首饰盒里！而她，为什么会在深夜出现在草莓小姐的宿舍？

还有游乐场里旋转木马上的那个女生，明明也是她啊！如果不是她，那么她呢？她在什么地方？

轻柔的晚风中，她终于看清了那个自己。

那个在离他们两米远的地方，一个人孤零零地坐在木马上，和他永远保持着咫尺天涯距离的自己。

10

草莓小姐做了一个梦。

梦里，草莓小姐和他走在雨中，后面跟着一个失魂落魄走在他们身后的女生。他们去食堂吃饭，那女生抱着空饭盒坐在他们周围。他们去教室图书馆游乐场，她都像魂儿一样跟着他们。后来她从窗户爬进草莓小姐的一楼宿舍……

草莓小姐甚至看到他吻自己时，身后的女生竟也伸出双手，闭上了眼睛——

仿佛他吻的不是草莓小姐，而是身后的女生。

Q小姐。

大雨将至，满地潮湿。

人潮不歇的街头，没人会注意到前一天，甚至前一秒发生过什么。

　　这座城市从来都不缺少像草莓小姐这样的女生，就算没有草莓小姐，还会有樱桃小姐杧果小姐猕猴桃小姐。

　　可这世上再也没有Q小姐。

　　Q小姐从天台上飞下去的最后一秒，始终没有找到那面墙上到底画的是只什么鸟。

　　她永远不会知道，那只是他烦她总跟着他，故意和别人随口一说的玩笑话。

　　他说学校北院的那面墙上，有他为喜欢的女生画的一幅画，那上面有一只叫相思鸟的鸟。

　　他还说，只有他喜欢的女生，才会看到。

　　而Q小姐，再也看不到了。

相遇在纯真年代

樱花樱花想见你

林宵引

1

何谓是春。

世人道，春风一遇，十里江南岸皆声息蓬勃。

但在许惊蛰的眼中，春来，不过是林间樱花无穷尽。

三月万物苏醒，可于他而言，只是又唤醒几年都消磨不尽的旧事。

2

难得晴光十里，许惊蛰就站在宿舍楼下的院子里，盯着洗好的毛衣看了半晌。

酒红色的毛衣，款式别致，又以极其优雅的点缀手法，在毛衣上开了些许樱花。三两花枝温柔轻盈，盛满整个诗意的春。

接了陆柒的电话，许惊蛰叹口气，把毛衣晾好，赶去设计楼裁衣服了。

教室里又是一场令许惊蛰无言的讨论。

"这次大赛我们一定要拿奖。"教室里，陆柒傲然道。

"可惊蛰做设计，不是为无休止的竞争……"男生态度犹豫。

"于是就继续看着他被许问打压？凭什么。"

"也是，太浪费惊蛰一身好才华。"

达成一致。

待他们讨论结束，许惊蛰才缓缓进去，加入他们。

意识到下雨时已值日暮，阳光分明还徘徊着，有些难以相信，雨竟就这样纷纷地落了。

许惊蛰匆匆往外跑，英气的模样引得好些女生回头看。可他只惦记着自己的毛衣。

回到宿舍，只剩他的毛衣晾在雨中，正要收进去，在大雨中的一瞥让他心里一凉。他垂眼翻看衣服的细节。啧。毛衣被别人收错了。

3

　　许惊蛰的寻物启事贴出一月有余，正主始终没找上门。倒是有学弟妹慕名而来，借启事上的号码搭讪。

　　人生的不如意竟然不限于此，许惊蛰失笑。朝思暮想的网球课没选上，被分配到极易挂科的散打班。

　　"真糟糕。"被闹钟震醒的许惊蛰翻了个身，再醒来为时已晚。第一堂散打课他迟到半小时。

　　体育老师上下打量他高瘦挺直的身板。课上的女生们偷偷打量他被晴光映得分外好看的侧脸。而许惊蛰被罚做俯卧撑，汗流浃背时眼神都只停在一个女生身上。

　　组队练习散打动作，许惊蛰毅然把橄榄枝抛向全班最胖的女生，也就是他方才盯着看的人。

　　"你好，我叫许惊蛰。"他戴上护具，抬眼面对女生。

　　"林叁冬。"

　　"情况是这样的，一个月前的傍晚，在宿舍楼下你收错了毛衣，你身上这件是我的。"

　　林叁冬低头检查了半天，找不出差别，"这是我那件啊，和以前一样合身。"

　　"我们的毛衣的尺码款式基本一致，只是细节之处稍有差异。"

林叁冬瞪圆了眼，小声问："你买的盗版？"

许惊蛰皱了眉，"这毛衣是我自己设计的。"

林叁冬大声道："你少骗人啊，明明是许问亲手设计的，还拿了新锐设计奖，授权网店出售。"

不少同学听见他们对话，许惊蛰不愿多言，只提醒说下节体育课会拿她的毛衣来换。

4

这天林叁冬提着袋子，提前来等许惊蛰，却等到了一脸盛怒的陆柒。

太好看的女孩子，就是脸上的傲气中还掺了些隐约的戾气。

"你是林叁冬？"

"对啊……"

话音未落便被抢过提袋，接着被推倒在花圃。刚落完雨，樱花残瓣黏在林叁冬的身上，更显她狼狈滑稽。

"记住，许问只是个偷人设计的骗子。奖项也只是惊蛰不在意罢了。还有，我叫陆柒，你要是有什么不满，随时来找我，但是不要再让我听到质疑惊蛰的话。"

彼时的林叁冬，只能一脸莫名其妙，再尽量远离许惊蛰。但疏远一堂课后，许惊蛰又找她练习散打。

班里女孩子那么多，好看的也多，独独找她，这让她压力很大。直到她先开口，"你怎么偏要找我练？"

许惊蛰稍许歉意，"陆柒那天是不是欺负你了？"

这倒是让林叁冬恍了神。胖子当了好几年，向来都是她向人付出关怀，少有接受这样的善意。即便可能只是一句官方问候，为引出下面的话题。

林叁冬垂着眼，"啊，没什么事。"

许惊蛰停顿片刻，直奔主题，"你上次拿错了，给了我一件酒红色线衫。你的毛衣我也没给，下次交换。"

林叁冬心里突然升腾起一股强烈的好奇。一件毛衣而已，是很好看，可是有那么重要吗？林叁冬露出一个坏笑，像夏天快放坏的柠檬。

她笑，"毛衣先不给你。"

他也笑，"你想怎么样？"

"你有很强烈的心愿吗？非达成不可的那种。"

"……有。"

"正好我也有，要不等我们的愿望都达成了，再把毛衣换回来。算是个约定。"

许惊蛰在得知林叁冬的强烈心愿是减肥成功之后，深刻地感受到了这个约定的分量。

5

自从同许惊蛰有了约定，盛气凌人的陆柒都不再对她冷眼。起初林叁冬有些无措，后来有天陆柒聚会回来，稍许醉意，拉着林叁冬道谢。

陆柒说，从未见过惊蛰这么执着。除他那件毛衣。那是他入校后的第一次设计，原本为让父亲满意，却被许问偷了设计稿拿去参赛，他也不追究。只是始终珍藏那件毛衣。

陆柒说，谢谢她提出的约定。

记着同别人的重要约定，好似手心握着一种未知的可能。像一瓶冰镇饮品，打开可能喷发出缤纷气味，也可能静默寡然。也许足够虔诚，会有意料不到的好味呢。

减肥前期，林叁冬秉持着每天定时定点挥洒汗水。减肥是很辛苦，但更令人难过的是一些突如其来的打击。有些话出口时轻易，但听在他人耳中，好似一记无形重锤，正中脆弱的心口。

那天是新的一季设计大赛，已临近压轴环节。许惊蛰沉思许久，终于还是换掉了最有把握的设计。尾声是许问在领奖台上的意气风发。

许惊蛰回到教室，其他成员都不在场了，大概是对他失望透顶。只有陆柒，回来不甘心地问他，为何这么久仍让着许问。许惊蛰抬头，窗外晚春的气息浓厚，教室却像是冷宫。既然都这么久了，再让他最后一次吧。

许惊蛰抱歉地看着陆柒，声音有点儿哑，"小柒，对不起，这么久谢谢大家的陪伴。"

"这是我妈妈的嘱咐，我得做到。"

那次设计比赛，林叁冬也在台下看。原来许惊蛰也是有能力站在舞台上的那种人。

林叁冬去找许惊蛰。

"我看了你的比赛，你的成绩真的很不错了……"

许惊蛰眉目冷淡地打断了她，"听过那个段子没？胖子减肥未必有用，因为可能瘦了还是不好看。"

林叁冬脑袋好像受了一记惊雷。

"就像我们的约定。不是你足够努力，就能实现。"

林叁冬眼睛泛了红。当初是谁答应好的约定。林叁冬很快地跑开了。许惊蛰看着她的背影，觉得心里像是有小虫子在蛰，细细密密地疼，但片刻后他又笑了。是谁说胖子不灵活的，林叁冬跑起来挺快的啊。

6

林叁冬好像突然之间就变懒了。意志力都不知去哪开派对了，她只想做个树懒。

这天体育课，她请了假，买了炸鸡果汁，慢悠悠地晃到天台。推开门，余光瞥见旁边有人，她转头看去。这一看，几乎失了魂。许惊蛰就像一段美得惊了年华的花枝，靠在低矮的栏杆边，正向下俯身。仿佛花枝被人狠心剪下，即将从树梢坠落，同尘土一处。

林叁冬赶紧跑过去拉住他。许惊蛰被林叁冬死死抱着，回过神，手心冰凉。

"许惊蛰你知道自己在做什么吗！"

林叁冬吓哭了，胖脸皱成一团，眼泪不住地淌。

许惊蛰心里有些暖，又过意不去，抽出手放在林叁冬的脑袋上，她的头发出人意料的柔软。

林叁冬哭声渐大，像是顺带把这些天的不快尽数发泄，许惊蛰的手轻轻地碰着她的头发，时光仿佛变得无比缓慢。许惊蛰声音很温柔很低，像是解释，又像是说服自己。

"叁冬，我妈以前说，樱花并非世上最美的花，但却是她心头之爱。刚才我站在那边，俯身看见几树樱花，就好像受了蛊惑。"

"听起来很不可思议吧，可我当时站着，就突然想，当初她是不是就这样，俯身向那片樱花林看过去，然后投入了它们的怀抱。"

她是否就那样，从半空坠落，像花离了枝头，与泥土同生。

7

叶倾然遇见许封，正是三月惊蛰。樱花开了满林，他是温润青年，背着画板同她谈笑风生。

叶倾然在花枝千重下静静立着，让他绘了幅油画。万物生长季节，他们之间的恋慕也渐渐生根。陷入其中的叶倾然，未曾料到许封已订婚。许封只道父母强制安排不得不顺从。可她无法割舍这段感情，甘愿深陷。

许封同妻子完婚那天，叶倾然独自迎接许惊蛰来到这世界。而许封的妻子，不久后则抱着比许惊蛰稍小的许问，来声讨叶倾然。一次不得结果，便接二连三，纠缠数十载。

叶倾然只教许惊蛰，处处让着许问，切莫同他相争，往后独立，自有一片天地。"惊蛰，这是我们欠他们的。"声声犹在耳。

等到许惊蛰真的能做到放弃许多事情了，叶倾然便离开了他。那天的天光暗得像是末日，许问红着眼睛来找许惊蛰，不由分说先打了他一拳。因为叶倾然，许封的妻子渐渐失去理性，神志几乎不清，在丈夫出差的一个清晨了断了生命。

叶倾然叫开许惊蛰，同许问谈了一晚。第二天，许惊蛰在这世上就成了孤零零一人。和一封很简短的遗书。

"惊蛰，不要和许问争，他也不能和你争一辈子。不要忤逆你父亲，在他面前表现得好一些。"

"有些事一步错了，这一生都难求救赎。"

是因母亲的喜好，许惊蛰这一辈子，都离不开樱花。是因母亲的期望，他才想在设计大赛上夺下第一，让父亲满意。也是因母亲的嘱咐，当许问不由分说地夺去了他的设计图，他才忍气吞声。可他怎么就忘了，母亲也说过，往后，他许惊蛰自会有一片天地。

8

林叁冬正纠结着要不要把许惊蛰的异常告诉陆柒时，许惊蛰就来找她了。

"叁冬，我们的约定还算数吗？"

林叁冬心想，这不是要问你吗，嘴上却自然地答了："当然算！"

时值初夏，人们不再去沉浸于樱花铺出来的仙境，而许惊蛰仍投身设计室，里面的成品抑或半成品，都点缀着美如天成的樱花。

林叁冬也不多管，扔了炸鸡果汁，进了健身房。

别人是怎么瘦下来的，林叁冬不知道，但这几个月的刻骨铭心，她这辈子都忘不了。她已经记不清多少次在健身房累到瘫在地上，甚至有一次用力过猛，晕过去，被校医用氧气罩唤醒。

人的蜕变可能很漫长，但蜕变的一刻可能来得很不可思议。

林叁冬被设计学院的男生搭讪时，已经有了比较匀称耐看的身材。原本个子较高的林叁冬变得有些出挑，眉眼也从之前的"很有福气"变精致。

最近有场走秀缺人，希望林叁冬能帮帮她，愿意的话可以抓紧时间练走台。

设计院的女生当时长舒一口气，只道自己运气好，碰到个能驾驭自己服装的女生，恰好这个女生还很大方。而林叁冬只觉，人生好像走入了什么美好的梦境。

她终于打开了那瓶冰镇的饮料，里面迸发出来的惊喜，令她惊叹不已。

9

这段时间，许惊蛰整日感受着衣料与指尖的摩擦，周遭仿佛静止了。直到陆柒一通电话，打断了他的平静。

"惊蛰！"她那头人声鼎沸，音乐声几乎要盖过她的声音。

"你在秀场？"

"快来，林叁冬走秀！"

许惊蛰挂了电话，站了会儿。是一个人待太久，开始出现幻觉还是正做着梦？等他半信半疑地赶到秀场，正好看见林叁冬穿着一件淡粉偏白的短连衣裙，像模像样地走着猫步，由远及近。如果不是陆柒指给他看，他差点儿要认不出来是她。

台上被灯光环绕的林叁冬，像是缓缓向他走来。他们的约定踏着光芒，迎着两旁的艳羡，向他走来。不知林叁冬那么认真地走台步，能不能见到台下的他。

许惊蛰自顾自地笑着，冲旁边的陆柒大声道："小柒啊，你看叁冬，是真的瘦啦。"

"对啊，她真美啊。"

10

林叁冬的生活似乎突然间焕然一新。同学找她参加活动，追求者也与日俱增。可她总觉得，自己明明还是那个自己，是和许惊蛰相约的自己，虽然不是被很多人喜欢着，但仍旧觉得生活还算美好的自己。

那么好看的许惊蛰，其实也没怎么嫌弃过她。可她心愿算是达成，和许惊蛰的约定仿佛被人从中切断。也不知道他整天待在堆满布料的教室，是离目标更近了，还是愈发遥不可及。

她瘦了之后，甚至有些不好意思去找他，只能找陆柒旁敲侧击询问近况。她也说不清自己是什么心理。

校内新开了一家咖啡店，有男生约她很久，她犹豫着去了，有话当面好说清。

拿铁的味道很好，林叁冬偷瞥前桌客人好几眼后，一声不响地啜饮，连对面的男生说的话她都听不太进去。

许惊蛰怎么回事？这才多久没见啊，怎么好像就走了人生的岔路！

林叁冬手心都是汗，握着杯子差点儿打滑。许惊蛰就在前桌，同一位年轻妇人可以说是亲密地交谈，全程笑得像朵正盛的玫瑰，蛊惑人心。

许惊蛰笑得那么好看，竟然是对着一位年轻妇人！而且从他们那边不断传来一些"期待这次合作""我很欣赏你的作品"之类的话语，林叁冬面色有些难看。

林叁冬再偷瞥时，妇人正把手轻轻覆在许惊蛰手背，频频点头。林叁冬收回目光，脸色苍白……

11

林叁冬收到陆柒转交的邀请函时，正举着冰镇果汁，但她一眼看见封面的设计师名字，许惊蛰。她急忙把果汁放在一边，借衣角擦干手才拿来看。最后一句：参展那天穿上酒红色的樱花毛衣，和我们的主题比较搭。

林叁冬发誓，这绝对不算她见过最为优秀的一次设计展，但却是最过目不忘的一次。展场呈现出春季清美的氛围，把许惊蛰印象里的樱花林景借用服装设计的形式自然地表现出来了，每一位模特都随意地手持花枝。

林叁冬忽然明白了，樱花的记忆真是刻进了许惊蛰的骨血之中，才能让他抛却近在咫尺的名利，举办这样的设计展。但是……林叁冬念头一转，突然觉得十分生气。怎么能为了达成梦想就出卖自己？

林叁冬正要声讨，而他恰好挽着当初在咖啡馆的那位年轻妇人的手向她走来，身上穿着她的那件酒红色毛衣。

林叁冬怒从中来，大喊一声："许惊蛰！"

许惊蛰不明情况，尴尬地冲身旁妇人一笑，向林叁冬道："叁冬别闹，这是我妈生前最好的朋友，也是我干妈。"

"啊，阿姨好。"林叁冬目瞪口呆。

妇人直爽回道："惊蛰，你女朋友真漂亮，性格也有趣。哈哈。"

许惊蛰的干妈自从叶倾然离世，便也离开了这座城市，辗转多年回来时听许惊蛰想开设计展，便助他一臂之力。

等她走远了，林叁冬才冲着许惊蛰翻白眼，"我要被你吓死了。"

"啧，我还没问你刚才怎么那么凶。"

"其实也没什么事……"

陆柒看完展，见她和许惊蛰毛衣都是同款，大笑道："哎哟，这是公开了？也好，惊蛰交给叁冬，我放心。"

林叁冬一脸懵着要追出去向陆柒解释关系，却被惊蛰拉住。

许惊蛰挑眉道："小柒有男朋友的。她不喜欢我。"

林叁冬跳脚，"你是我肚子里的蛔虫吗，怎么什么都猜得出来？"

"不，我是你肚子里的乳酸菌。有益菌种。"

林叁冬语塞，"好比喻。"

两人的约定算是都达成了。也该把毛衣换回来了。

林叁冬抬起头，眼里像是藏了千万星点，藏了许惊蛰最爱的一整个早春。

"惊蛰，这么久以来，谢谢你。"

"我去把毛衣换下来，还给你。"

如今的林叁冬不再像从前，跑起来地面都要抖三抖，在其他男生眼中，她就是眼神清澈如同溪涧的小鹿，不食人间烟火。可是许惊蛰怎么看都觉得，她还是从前的她，有时特别蠢，跑起来又快得不要命，还记得她从身后抱着他的时候，是十分坚定满含珍惜的温度。

所有的人，世上都不再有第二个。他的母亲叶倾然是。林叁冬，也是。

展场即将散场，灯光一盏盏灭了，由他亲手裁出来的春天告一段落。

他俯身将林叁冬抱了个满怀，手停在了林叁冬腰际，这件毛衣穿在她身上十分宽大，毫不费力便能碰到毛衣上独特的细小标记。也碰到了林叁冬温暖的体温。

在林叁冬白皙的皮肤旁，毛衣上缝了一句极其少女的告白。也不知是说给记忆里的早春听，还是说给曾经无比憧憬的未来。

"樱花啊，想见你。"

多想和你在一起

单荨

1

没有人能够理解为什么林清音会拒绝夏亦新的告白，包括她自己。林清音怔怔地看着一大扎颜色鲜艳的气球纷纷飞上愈发阴暗的天空，皱了皱眉头。

一大扎从操场飞上天的气球在校园里引起了不小的骚动，有人开始兴奋地跑向教学楼的顶楼，观察气球飘浮的方向。有人则兴冲冲地往操场的周边跑，小心翼翼地窥探这次事件的主人公。

一场酝酿了许久的夏雨并没有倾盆倒下，这座城市的空气已经十分闷热。汗流浃背的夏亦新是面无表情的，半晌，他才缓缓地张口问道："你不是也喜欢我的吗？"他的声音极轻，语气平和，他的问题并非霸道的质问。

"没……没有，对不起。"林清音含糊不清地说完之后转身想跑，却顺势踢倒了夏亦新精心准备用以装饰的精致的瓶瓶罐罐，她慌张地俯身将它们整理好，嘴里不断地说着"对不起"。

"既然你不接受，就别管它们了，难不成还留着给下个对象咩？"夏亦新叹了口气，轻拍林清音的肩膀。

她也叹了口气，索性在红色的塑胶跑道上坐了下来，跑也没有用，以后也是会见到啊。夏亦新也坐下来，从书包里翻出两罐来的路上在自助售卖机里取出来的柠檬茶，分一罐给林清音，尽管它已经不冰了。

"谢谢。"林清音盘着腿，轻轻松松地拉开了易拉罐的环子，咕咚喝了一大口，是酸酸甜甜的味道，像夏天。

夏亦新也是仰头喝了一大半饮料，他盯着堆积在天边的乌云和远处枝叶茂密的大树，神情十分沮丧。

谁也没有想过最后竟然演变成这样的场面。林清音微微低着头，不敢出声，其实她很难过，但是没有人知道她在难过什么。

2

林清音和夏亦新初遇的时间，是在冬天的早晨。有风，但是阳光十分暖和，她抱着画板，坐在花园里画天地画草木。

这时候夏亦新一瘸一拐地出现了，他高高大大的影子恰好落在她的画纸上，她猛地抬头，与他四目相对。他穿着并不怎么合身的病号服，朝她露出一个傻气的笑容。

夏亦新正巧是和她同校的美术生，他自然地坐在她的旁边，一边夸赞她一边给她提建议，最后在她画完的时候他还悄悄买来一大碗热气腾腾的萝卜牛杂说要请她吃。

可是林清音拒绝了，她摆摆手，礼貌地解释说她是因为肠胃炎才进的医院，最近得稍微戒口。

林清音坐在室内走廊的长椅上，风不知道从哪个窗口灌进来，她觉得冷所以一直抱着自己的胳膊；她还觉得他很奇怪，自来熟得有点儿过头，可她还是忍不住关心地问道："医生没有嘱咐你不要乱吃东西吗？"

"他没说什么吧，也可能是我没有注意听。"夏亦新倒是真的很喜欢笑，说几句话就会自顾自地笑起来。好在他的眉目好看，倒也不那么令人反感。

夏亦新忽然放下那碗牛杂，拄着拐杖去倒水，又笨拙地走回来，像极了一只跛脚的大熊。

当夏亦新将水杯递给林清音的那一刻，她笑了，笑弯了的眼睛像月牙，很甜很美，以至于夏亦新都看呆了。好一会儿，他才回过神来，重新端起那碗快要凉掉的萝卜牛杂，不紧不慢地对她说："要不你还是先回去吧，外面挺冷。"

其实在那天下午，林清音就已经办了出院手续回家了，所以她并不知道，夏亦新在她走后一连几天里都在花园里等她，而且每次都是满怀欣喜地来，又垂头丧气地离开。

3

再后来就是深冬，这座城市开始下雪，林清音和夏亦新在街头遇见，她觉着他眼熟，却又想不太起来他们之间的交集，她记性不是太好，似乎还有点儿脸盲。

林清音在街头卖烤红薯，每隔一阵子就有三三两两的路人经过，或许会在她的小摊子前停下，有的人买一两个分着吃，有的人在问了问价格之后便一言不发地走开。

林清音没有吃喝，她的脸已经冻得通红，她已经累到没什么力气吃喝了，但是每一个在她摊前逗留的路人她还是会热情地招呼。

夏亦新却是第一个主动要求帮她卖烤红薯的人。林清音想了好久，终于在他提及"医院"这个关键词的时候，她才明白过来。

最后烤红薯并没有全部卖出去，林清音盯着剩下的三分之一出了神，她在漆黑的夜里悄悄抹了抹眼泪，然后落落大方地递给夏亦新其中一个最大的红薯，为了表达谢意而请他吃。

夏亦新没有推辞，并偷偷往她收钱的地方塞了钱。那天晚上，夏亦新帮助林清音收了摊子，寄放在她住这附近的伯父的店里，然后一同回家的路上，他们经过一家别致的西餐厅，他忽然提议说要请她吃晚饭。

"为什么？不好吧，还是走吧。"林清音越发觉得夏亦新奇怪，警惕地盯着他。

于是接下来，夏亦新给林清音讲了一个故事。

4

第一次遇见林清音的夏亦新当时还留着一头格外引人注意的小脏辫并自以为很酷。

当时夏亦新骑着的山地车在路上爆胎，单车爆胎后的下一秒车轮子又转进了一个大坑，然后车歪了，他人高马大的，没有摔，但是鞋子直接泡在雨水里了，裤腿也湿了一大截。

周围有路人，都是冒雨赶着去上课的同学，氛围变得有些尴尬，或许只是夏亦新觉得尴尬。

夏亦新一手撑伞一手抓着车头将单车往前推去，样子十分狼狈。但是林清音忽然闯进他的视线，并且主动帮他撑伞。

林清音个子小小的，力气却很大，高高地稳稳地举着那把伞，晃都没有晃。夏亦新并不是说一定要得到她的帮助才能顺利走到目的地，只是他觉得林清音站在他的旁边，仿佛平分了他的尴尬感。他开始转移注意力，掠过周遭好奇的看热闹的目光，和她有一搭没一搭地说着话。

后来，夏亦新剪掉他满头的小脏辫，换成现在这样清爽的小平头发型。他们同校，常常会在校园的某个角落里遇到，只是她总是一副心事重重的样子，也没有认出他来。

足足数个月以后，在医院里，夏亦新才终于鼓起勇气，直截了当地闯入她的生活，直面她，认识她。

5

夏亦新可能不知道，当他站在寒风凛冽的街头神采奕奕地描述他们第一次在雨中见面的场景，林清音有些恍惚，情绪也变得飘飘然的，一颗心久违的怦怦乱跳。

他轻轻牵起她的手带她走进那家别致的西餐厅，那是林清音生平第一次吃到传说中的牛排。她笨拙地使用着刀叉，因为些许的心虚和尴尬，她一直低着头，默默地和大块的牛排、滑溜溜的意面战斗。

他们吃一顿饭的价格比她在街边卖一个晚上的烤红薯赚到的利润还要高。灯火明亮又暖得恰到好处的环境让她留恋，也让她失落。

"好吃吗？"夏亦新露出和煦的笑容，心满意足得像个天真的孩童。林清音点了点头，却不由自主地皱了皱眉头。

后来，他们越发熟络起来。林清音透过夏亦新看到了不一样的世界，那个世界充满新鲜好玩的东西，人们似乎轻而易举就能够到自己想要的美好。而每每林清音又回到自己的世界里的时候，她就会积攒更多的失望。

6

没有人能够理解为什么林清音会拒绝夏亦新的告白，除了她自己。

林清音和夏亦新坐在红色的塑胶跑道上，柠檬茶已经快要饮尽，那一大扎颜色鲜艳的气球也越飞越远，仿佛消失在天际。

"其实，我也不是不喜欢你。只不过，在我足够自信之前，我不能接受你的追求。"林清音莞尔，举起柠檬茶想和夏亦新碰杯，他一愣，随即意味深长地笑了，"那我是不是还有机会？"

"如果你愿意也来我的世界里瞧一瞧的话，也许吧。不过那可是一个和你的世界截然不同的空间哦。"

"我会努力的。"

两个人举杯，轻轻对碰，继而相视一笑。乌云密布的天空忽然间落雨，像极了他们初遇时的那一场，夏亦新猛地牵起林清音的手往回跑，不舍得放开。

对于林清音来说，喜欢一个人是情不自禁，而接受一个人却需要深思熟虑。谨小慎微的感情里，若是能够灌溉坚定和信心的养分，两个人才可能走得更远。

长江以北无北方

骆　可

1

林初一真的是在初一那天生的。

她已经懒得回应在听到答案后的各种惊讶眼神。那眼神似乎在说，这爹妈起名字真够潦草的。

潦草到收不到生日礼物！

初一都赶着去拜年，谁一大早颠颠跑你家来给你送礼物。万一你妈再包个红包回去，那多不好！

可林邵南并不这么认为。

一度，林初一坚信他并不是为来给她送生日礼物，单纯就是冲她妈红包去的！

刚开始她妈还不太好意思，给包几张"大团结"。可后来林邵南年年都来，她妈脸上开始越来越冷淡，最后干脆塞张"天涯海角"打发。

林邵南似乎看不出好赖脸，拿了红包，说了吉祥话，还不肯走。

林初一瞪他，放下礼物，赶紧走！

对了，林初一很想重点说一下他送过的礼物，如果那也算礼物的话。

一张手工做的东南西北，一坨屎一样的橡皮泥，用木头做的珠子，一棵西兰花，一块四海皂，还有一盒订书钉！

2

林初一以为上了大学就能摆脱林邵南的魔爪，结果她太单纯了。

她站在这所并不在长江边上，连长江沿儿都够不着的长江大学门口，茫然四顾。

她承认她后悔了。后悔放着好好的学校不念，选了这么一所——

要怎么形容？

除了那七层高的教学楼还不错，剩下的已欲哭无泪。

是脑子进水了呢。进水到她怎么晃都能看到林邵南那张帅脸。

他不是报了南开吗？他的成绩此时不应该是站在南开的新开河畔吗？林初一不相信地拨出电话。

可为什么接电话的是一个女人。她说你哪位，找邵南什么事？他今天去长江大学报到了。

长江大学报到了……

不会不会！肯定是拨错号了。

直到林邵南有些生气地问，我叫你半天了，你就这么不愿意看到我吗，林初一才不得不接受这个事实——

林邵南也来到了长江大学。

3

林初一翻遍所有口袋只掏出几个钢镚后，彻底绝望了。收拾行李时，明明放了生活费在箱子里……

她明白了。

颤巍巍地掏出手机，不等她妈开口，先跪地求饶，"妈！有事儿好商量！"

"我是故意的！"果然是她妈干的！

"你行啊，我终于知道你为什么要去那个狗屁大学了——"

林初一心一凉，完了。

"那个男生叫秦什么来着？"

秦悦生。

比起秦悦生没出现在长江大学，她觉得饿肚子已经不算什么大事了。挂了电话，林初一叹口气，往操场走。

那是她最初认识秦悦生的地方。

那时刚上高一，不会骑自行车。林邵南自告奋勇要教她，等她终于会上车了，却发现自己根本不会下来。而该死的林邵南帮她上去车后，就跑去和别人打球了。

那是她哭得最惨的一个傍晚。一个人绕着操场一圈一圈地骑，边骑边哭。直到秦悦生的出现。

他穿了件白色衬衫，站在夕阳的余晖里，声音温柔地问："同学，你需要帮助吗？"

从那时起，她就决定要考和他一样的大学。

他已经不是一蔬一饭，他成了一种不死希望，是高中三年疲惫生活中的英雄梦想。

4

林初一打开电脑时，群里已经炸了锅。

嗖嗖嗖。

几百条消息呼啸而过。瞬间几个关键字蹦进了脑海，让她半天没回过神来。

秦悦生，成绩高出一本60分，退学，复读。

所有一切都有了答案。她没看错，秦悦生确实报了长江大学。只是，他并没有来，而是选择了复读。

可原因呢！！

林初一还来不及追问，微信上猛地蹦出一条消息。母亲大人发话，说钱已打卡里，去了就好好念，要是敢半路回来——

她纠缠着让她神烦的林邵南，说怎么办怎么办，用什么办法才能说服我妈让她接受我想复读这个想法。

林邵南颠颠地拿着信，根本没理她。

林初一一把夺过信，指指信封上的名字，狐疑地看着他，"南开？姜小碟？"

不可能啊！没道理啊！之前明明是同一所高中的信封！

如果说姜小碟就是那个写了三年信，却从不留名字的人，不可能一丁点儿印象没有啊。而且之前一直都不肯露面，为什么现在却——

姜小碟在信的最后说，这个周末，我去长江大学看你。

为了姜小碟的到来，林邵南已经闹腾了一星期。

林初一，你说我穿什么颜色衣服好看？什么样发型看起来更帅？她要是非要做我女朋友我该怎么办？

周末一大早，林初一就被林邵南从床上挖起来。

笔挺的西裤，雪白的衬衫，闪着光的发丝，让林初一不得不承认，眼前这个男生帅得依旧耀眼。

她慢腾腾地起床，胡乱抓起件衣服套上，懒洋洋地跟在林邵南身后。

他们躲在一棵大树后，林初一一个个地辨认着那些丑的，龅牙的，小雀斑的，矮的，胖的……

这个！是这个！这个这个肯定是这个！！

她的脑海里一早就印好了姜小碟的长相。宽额，小眼，肥脸，双下巴。仿佛只有这样的长相，才会让她沉默了三年后露面。

当姜小碟出现时，林初一还在那些长得千奇百怪的女生间徘徊。

明眸善睐，翩若惊鸿。

连林邵南都开始结巴起来，"你、你就是姜小碟？"

彼时，骄阳下，树影涂抹大地，欢蝉的掠影闪过林邵南的眉间，让一切仿佛在梦中一般。

梦里林邵南不知所措地搓着手，第一次厉声问着林初一："你不是一会儿还有事吗？"

"对！有事，有事！"

姜小碟仿佛看穿林邵南的疑惑，浅笑着伸出手，"我是你们隔壁高中的。"

就说嘛！如果学校里有姜小碟这号人物，她林初一怎么会不知道。可她怎么会有他们学校的信封？不等林初一发问，就被林邵南急忙推走。

在知了拼命嘶叫的那个夏末，看着林邵南和姜小碟消失的背影，压在林初一胸口的大石，突然碎裂开来，再难聚拢。

5

林初一要退学重读。

就算她妈真的提刀来战，她也认了。

她妈气得一星期没和她说话，却连根指头都没动她。这让她更慌了，就差没天天放学后背个荆条跪门口请罪。

直到林初一天天废寝忘食，她妈终于放话了，"就怕你不回来！"

欲擒故纵啊！害她白担心半个多月。

当林初一站在校门口，再一次和秦悦生呼吸着同一片天空下的空气，连那些飘荡的雾霾都变得可爱起来。

她坐在座位上，茫然地看着四周的陌生脸庞，那个令她彷徨的男生终于出现在高四一班门口。

他肩上挂着书包，目光游移地站在那里，似乎在找寻着什么，直到定格在林初一的那张脸上。

他沉默地从她身边经过，径直坐到最后一排，她才从屏气的窒息中解脱出来。他已经不记得她了吗？不记得那个在夕阳里哭得快到缺氧的自己？

接下来的一整天，她都不知道老师在讲着什么。他们只是一幅幅动态而没有声音的画面。

放学铃声终于响起。林初一拿起书包，飞快冲向门口。

　　"林初一。"

　　在她已经准备逃时，有人在身后叫住了她。不用回身，也知道叫她的人是谁。

　　她给自己打气，林初一，争点儿气！

　　可当秦悦生那充满喜悦的声音在她耳边响起，说重新见到你真高兴，她却一点儿都高兴不起来。

　　他说，你是不是认识姜小碟。

6

　　教室里，老师用力敲着黑板，说想想你们当初为什么要复读时，林初一已在这个高四班里浑然度过了一个月。

　　当初为什么要复读呢。她咬咬牙，准备给林邵南打电话时，群里却再一次炸开了锅。

　　姜小碟。

　　隔壁高中的姜小碟。

　　据说一模时姜小碟的成绩还排在三百名开外，勉强能上个三本，高考前不知怎么就跟开了挂似的，居然去了南开！

　　后来，群里还有几千条的消息不断滚过。到最后林初一只记得两个名字。

　　林邵南和姜小碟。

而让她无法相信的是，姜小碟为了林邵南竟然放弃南开，转读了长江大学。

　　下了晚自习，林初一来到操场时，秦悦生正独自坐在台阶上。

　　四周的风很轻，路边的灯也早已熄灭。黑暗中，只有秦悦生手中明明灭灭的光在闪动。

　　她犹豫了一下，还是走过去并排坐到秦悦生旁边，皱了皱眉，"你以前就吸烟吗？"

　　秦悦生没说话，径直站起来，走了两步后，又回头。他说，你难道不想知道我为什么要复读吗？

　　林初一在黑暗里苦笑了下。她很想秦悦生可以告诉她，说他当时只是一时迷糊填错了志愿，所以复读是再正常不过的事。

　　可在他问她是否认识姜小碟时，她就知道他和她之间，永远绕不开姜小碟。

　　没错，她一早就认识姜小碟。

　　那个在去长江大学之前就说，你可不可以帮我一个忙，假装不认识我的姜小碟。

　　她那个时候就应该拒绝的。

　　如果当时拒绝，也许以后的种种都不会发生。那么，所有人都还在各自的框框里两相安好。

　　要是那样，该有多好。

7

秦悦生酩酊大醉时，林初一终于接了电话。

林邵南很显然没想到对方会接，在电话接通了好几秒，才急切地说道："林初一你不要挂！"

林初一没有说话，把电话拿到离自己很远的地方。隔着电波，林邵南焦急的声音还是远远地飘了过来。

他说林初一我那天不是故意让你走！我和姜小碟之间真的什么都没有！

他说林初一你在听吗？

而在前一分钟，秦悦生醉眼迷蒙地看着她，说我知道那些信，知道你和姜小碟。

过了那么久，久到林初一以为他已经挂了电话，林邵南在电话里突然说道："林初一，你知道我……"

我什么呢？林初一挂了电话，她已经不想再知道了。

她只知道秦悦生一直默默喜欢着姜小碟，怕影响她考试，才一直没表白。

而姜小碟的成绩只能勉强上个长江大学这种野鸡大学，所以秦悦生的志愿上真的就只写了一个长江大学。

只是后来，后来姜小碟发挥超常，居然进了南开。

于是，秦悦生退学，复读。

再于是，林初一也回到了这里。

秦悦生摇晃着林初一，说你让姜小碟来见我，见我好不好？

他大概已经不记得后面还说了很多话，他说，我无数个跟在姜小碟身后的日子，看到你把信转交给姜小碟，再由姜小碟寄给林邵南……

最后，他说，林初一，你要是不答应我，我就把这些都告诉林邵南，你想守住的秘密也……

月斜江上，树影晃荡。

林邵南出现时，姜小碟已昏睡不醒。

林初一恍惚地看着秦悦生，这个她追到长江大学，又从长江大学追回来的男生。

她能做的，已是全部。

只是，当林邵南的一巴掌下来时，她突然生出一种钻心的疼。

林邵南红着眼，不相信似的看着林初一。久久地，久久地看着她。最后自牙缝里挤出几个字。

你疯了！你为了一个秦悦生，真是疯了！

是啊，她宁愿自己疯了！宁愿那个骗来姜小碟又在她的饮料里下药的人，不是自己。

可她只能冷冷地笑。

她说原来，你喜欢的人，是姜小碟。

8

夏终秋临。

林初一成了高四班里最用功的学生，可秦悦生再也不是她的梦想。

他抽烟，喝酒，打架。他用想撕碎她的眼神看着她，"是你，是你对不对？"

她没有否认，只是说了声对不起，又说了声谢谢后，头也不回地走掉。

没错，林邵南收到的那条陌生短信是她发的。

她说，你快来！就会知道林初一为什么要复读！当她按下发送键时，姜小碟就在身边。

姜小碟说得没错，你既然选择了不可能和他在一起，为何不彻底一点儿？

可她还是要谢谢他，谢谢那个喜欢姜小碟喜欢到不顾一切的秦悦生，让她有了逃避的借口。人只有在有了新的梦想时，才能忘掉那些不切实际的幻想。

那幻想里面住着一个叫林邵南的男生。

其实，就算没有秦悦生，她也会逃到他追不到的地方。

哪怕天涯，哪怕海角。

姜小碟有些愧疚地望着林初一，"你真不后悔？"

她当然后悔！在林邵南挥下巴掌，红着眼眶想伸手去摸她肿起的脸庞，最终又无力地垂下手时，她就后悔了。

可就算她再后悔，也改变不了她拿着诊断书哭到快脱水时，遇到姜小碟那一幕。

她探出手，说你叫林初一？我有什么能帮你的？

当时，她根本没料到姜小碟会喜欢上林邵南，会为了他发奋学习，只为能和他站在南开的新开河畔。

更没料到之后姜小碟会自动现身，会为了林邵南放弃南开。

而那些信，都是出自林初一之手。那里面藏着她止于唇齿，掩于岁月的心事。她说姜小碟，你来当这些信的主人好不好？由你来决定它的生，或死。

9

医生再次和她确认。说风险太大了，成功的概率只有百分之二十。

她点头。

她太想试一试。她想赌一把。

她不相信她将来会变成一个瘫子。不相信那个发病率十万分之一的风湿免疫性疾病，会降临到她身上。不相信那个鬼病发展到后来，有成千上万个结石会穿透皮肤，渗出血液。她更不相信这个病的存活期只有五年！

五年。

可她真的，连自行车都骑不好。

三年前那个傍晚，她哭得那样伤心，那样绝望。她要把所有眼泪都哭光，在以后日子里才有勇气去面对生活，面对他。

面对那个在影院里陪她看《滚蛋吧，肿瘤君》，在她哭得像条面条鱼时，只是耸耸肩，说电影永远都是电影，现实生活中哪有那么狗血的林邵南。

哪怕当初，为了弥补把她丢在操场上的歉疚，每当林初一歪歪扭扭骑着自行车，他都会悄悄跟在后面。

哪怕他在后面喊她，她一分神，为了躲避迎面而来的一辆大货车，连人带车一起跌进沟里，醒来后就看到他那张自责的脸。

他说林初一你别哭啊，医生也没说将来一定会留下残疾啊！

他说林初一就算你真的残了，我一定会对你负责！一定！

她都没办法骗自己，说还可以和他好好在一起。倔强和虚张声势般的口是心非，大概成了她最后的尊严。

就像她说，原来你喜欢的人，是姜小碟。

其实她一早就知道，他喜欢的人，一直都是自己。

林初一。

她一直都留着他送的生日礼物，那些手工做的东南西北，一坨屎一样的橡皮泥，用木头做的珠子，一棵风干掉的西兰花，一块四海皂，还有一盒订书钉。

　　因为在每件礼物不起眼的地方都有一句话。

　　那就是，我喜欢你，林初一。

　　那些她再也不敢碰触的梦想。

笔记本不会说谎话

倩倩猪

神秘的小纸条

景德镇中学隔壁有个旧钟楼，每天早晨八点半准时有人敲钟，钟声悦耳动听，像是少女在诉说着古老的传说，弥漫着神秘的气息。

李桃熙这天站在十字路口等了半个钟头，也不见顾兮阳的人影，按照常理来说，这小子从不会迟到的。无奈之下，李桃熙踏着最后的钟声奔向了学校，赶在了班主任进教室的前一刻坐在了自己的位置上，气喘吁吁。

待班主任喊完起立正式打开课本之后，李桃熙扭过头望向顾兮阳的桌位，空荡荡的，于是她轻声呢喃道："真是奇怪了。"

同桌章眠是个大大咧咧的女生，翻开课本支在桌子上小声地问李桃熙："出什么事了？"

"呃……"李桃熙欲言又止，她的秘密还是不要告诉章眠好了，然后想了一会儿说："顾兮阳今天怎么没来学校？"

章眠一听是顾兮阳，瞬间好像失去了八卦的兴趣，把注意力一下子转移到了课本上，懒散地回答道："他来了啊，不过好像被英语老师叫去办公室了。"

课上到一半的时候，顾兮阳果然打着报告出现在了教室门口，手上抱着一大堆的资料。

下了课，李桃熙迫不及待地跑到顾兮阳的位置上，质问他："早上有事，昨晚你为什么不提前告知？你知道吗，我今天早上因为等你差点儿就迟到了。"

"不是没有迟到吗？"顾兮阳低着头漫不经心地应着。

李桃熙平日里最讨厌顾兮阳这种态度了，但今天有要事商讨于是忍了，"英语老师喊你去办公室，什么事？"

"市里的口语比赛，英语老师推荐我去，刚是去填表拿些资料。"顾兮阳说完就准备起身离开教室，被李桃熙硬生生地拦住了，"你去哪儿？"

"厕所。"顾兮阳今天有点儿古怪，从始至终没正眼和李桃熙对视过，说话处处谨慎小心，像是做了错事的小孩子。李桃熙看到顾兮阳的态度，更是憋了一肚子的气，就算英语老师推荐了他去参加口语比赛而没有推荐她，她也不会怎么样啊。虽然她确实是班上英语成绩最高的，但口语不够流利发音不够标准也是事实啊！

李桃熙心里有事，下意识地跟到了男厕所门口，顾兮阳出来看到她时略惊讶，最终还是李桃熙先开了口，"顾兮阳，我昨天中午收到了一张神秘的小纸条。"

"嗯，写了什么？"

李桃熙把顾兮阳拉到了人少的五楼楼梯过道上，紧张地四下张望了一番，然后才从口袋里拿出了一张被她揉捏得不成形的纸条，迟缓地递给了顾兮阳，在这个学校里她唯一可以分享秘密的人。

顾兮阳打开纸条，上面是用电脑打出的宋体字，写着：我知道你喜欢吴帆。

"你喜欢吴帆？"顾兮阳看完纸条后也像是受了惊吓，脸色一点点开始变得不好看。

丢失的日记本

吴帆是景德镇中学的学渣，上课不务正业喜欢看武侠小说，体育课不好好跑步、打篮球，偏偏喜欢几个哥们聚在一起拿着体育生的木质标枪比画着，搞得像是举办一场武林大会似的。

顾兮阳自然是不喜欢吴帆那群人的，又不是表演学校，天天模拟武侠人物的特质，说话方式，走路样子，看上去神经兮兮的。但李桃熙在回家的路上突然停了下来，她告诉顾兮阳："纸条上说的都是真的，我是喜欢吴帆。"

"喜欢他什么？"

"说不清楚。"

"那就是不喜欢。"

"不，我知道我喜欢。"李桃熙坚定地看着顾兮阳，像是不容置疑的女战士，随后又泄了气，眉头紧锁起来，"这个秘密我没有告诉过任何人，顾兮阳我连你都没有告诉，写纸条的人是如何知道的呢？"

"或许写纸条的人会读心术也说不定。"顾兮阳本是一句玩笑话，李桃熙却有点儿当真了，两人走在柏油马路上，夕阳一点点拉长他们的影子。不远处，还跟了一个影子，踟蹰着该不该上前去。

穿过弄堂，再拐个弯就是李桃熙的家了，刚进门就听到在厨房里做饭的妈妈说："桃子回来啦，刚有个女生来还你笔记本了，说是在学校里捡到的，放在客厅的桌子上。"

"哦。"李桃熙拿起笔记本，迅速地塞进书包里，然后灰溜溜地钻进自己的小卧室里把门反锁，心里依旧是七上八下的。再三确认锁好了门，李桃熙这才打开书包拿出笔记本，妈妈在做饭应该还没有来得及看吧，笔记本有密码锁，明眼人一看就知道是日记本。

这本笔记本一直被李桃熙放在书包的最里层，没想到这次丢了居然也没有发觉，难道有人捡到后偷看了里面的内容？只有这个解释可以说通为什么她的秘密被人知晓了。李桃熙认真检查了一遍笔记本，完全没有撬开的痕迹，她输入密码打开后，里面也和之前没什么不同。

没有人看过里面的内容，捡到的人也只是归还她了而已。

除非，除非捡到它的人还知道密码。

李桃熙脑袋都快想炸了也没有想到谁可能是这个人，于是只能闷闷不乐地开始写家庭作业，晚饭过后，李桃熙带着笔记本来到了顾兮阳的家。

顾兮阳住的小区算是这里的学区房，所以大门口有门卫，进出人士都需要一一登记，李桃熙是这里的常客，门卫大叔也认得她，隔老远就冲她喊："桃子又来了啊，阳阳他们家今晚出去吃饭了，好像有客人。"

"这样啊，那大叔我先回去了。"李桃熙有点儿失望。

"好，下次来玩。"

夜色已暗，李桃熙从小区出来后看见了顾兮阳家的车，她正准备打招呼时发现，车里除了顾兮阳一家以外，还有英语老师。一瞬间，她好像明白了什么，整个人慌乱地躲在了路边的大树后面。

嫌疑人章眠

自从在顾兮阳家的车上看到英语老师之后，李桃熙已经好几天没有主动找顾兮阳说话了，而顾兮阳也很有默契地开始不理她。

英语课上，英语老师也开始频繁地点顾兮阳起来朗读课文，放在以前，这都是章眠和她的专权。李桃熙每次看到顾兮阳一副不情愿的样子都会心生鄙夷，装什么装，既然背后已经请吃饭了做了手脚，现在何须装出一副为难的样子。

这场冷战一直持续到周五的家长会，李桃熙的妈妈在看见章眠后说："对了，上次就是这个女生来给你送笔记本的，没想到是你同桌呢。"

章眠？李桃熙心里好像明白了什么，难道写纸条的人是她，同桌这么久猜到密码就是她家电话也不是不可能。

李桃熙在第一时间把这个讯息告诉了顾兮阳，两人相视一笑冰释前嫌，随即顾兮阳也跟着紧张起来，眼神里布满疑惑，"如果是章眠，那她的目的呢？写个纸条告诉你，有人知道了你的秘密，却什么要求也没有提岂不是有点儿奇怪？"

"或许还会有第二张字条？第一张只是提醒我而已。"李桃熙猜测。

"不如直接问章眠吧……"

教学楼后面的自行车停车场，章眠取了自行车准备回家，李桃熙却突然出现了，面对她突如其来的质问，章眠显得莫名其妙，"什么纸条？"

李桃熙一时语塞，万一不是章眠写的，她总不能不打自招吧，于是只能换个方法问："你是不是去我家给我送过笔记本？"

"是啊。"章眠听到这好像有点儿明白了，支支吾吾地说："小熙，不好意思啊，那个笔记本……其实是吴帆捡到的，他放学后让我交给你，还不让我告诉你是他捡到的，然后我就跟着你和顾兮阳……然后……"

"然后你就听到了我们的对话？"顾兮阳突然不知道从哪里冒了出来，吓了两个女生一跳，李桃熙眼看着章眠点了点头。

"我不小心听到了纸条的事，还听到了你喜欢……"章眠并没有说出吴帆的名字，但李桃熙已经心知肚明了，这下真的完了，她的秘密已经有种人尽皆知的趋势了。好在关键时刻，顾兮阳总是站在李桃熙这一边，他拍了拍她的背，笑着告诉她："放心吧，再没有人会知道你的秘密了。"

顾兮阳一笑，眉眼都跟着好看起来，让人感觉舒适安定，章眠终于知道，为什么李桃熙那么相信他了。

临走之前，章眠趴在李桃熙的耳边轻声说道："我也不会说出去的，我愿意用我的秘密与你交换，其实我也喜欢吴帆。”

"嗯？"李桃熙一愣，章眠已经骑着自行车溜之大吉了，站在旁边的顾兮阳问："怎么了？"

"哦，没什么，她只是也答应保密。"

旧钟楼巧遇吴帆

吴帆才是真正捡到笔记本的人，而嫌疑人章眠也排除在外了，那结果总不至于是吴帆自己写的纸条吧？李桃熙摇了摇头，没有哪个男生会这么无聊的，唯一的线索到了这里就算断了，此时她也不想知道是谁在恶作剧了。

天色还早，家长会一时半会也不会结束，眼看着周末也不用上课，顾兮阳提议，"要不我们去隔壁旧钟楼看看吧，听说旧钟楼的广场以后会拆。"

"真的假的？"李桃熙一听，脚下的步子都变得飞快了。

"谁知道呢。"顾兮阳立马跟上，两人说说笑笑地穿过学校后门便到了。

旧钟楼虽然有点儿旧，但每天都有人打扫卫生，按时敲钟，看上去倒也是干净利落，有种邻家小院的亲切。旧钟楼的广场每到傍晚都会热闹非凡，各种小商贩的摊位都会支起来，俨然一个小闹市的局面。李桃熙他们来得有点儿早，零零散散地看见几个摊主在准备着工作，旁边是嬉戏的小孩童，突然一个足球滚到了她的脚下，抬眼望去，竟是吴帆。

吴帆穿着白色的背心和黑色短裤，额头上布满了汗珠，与平时在学校时的样子截然相反，他尴尬地和李桃熙他们打了招呼。暗恋的女生总是羞涩的，李桃熙站在吴帆面前变得局促起来，半天也说不出一句话，最后还是顾兮阳在旁边解了围，"我们放学后来广场逛逛，你怎么在这里？"

"我家住在这里。"吴帆说着指了指旧钟楼的方向。

"原来如此。"顾兮阳说到这也不知道该说些什么了，毕竟他本来就不喜欢吴帆的，此时他只想赶快点儿结束这虚伪的寒暄然后各玩各的。李桃熙当然不知道顾兮阳心里的想法，她虽然内心如小鹿乱撞，但见到喜欢的人总归是高兴的，竟神不知鬼不觉地冒出一句："上次真是谢谢你了。"

"什么？"吴帆捡起足球踢给伙伴，然后一愣。

"谢谢你捡到了我的笔记本。"李桃熙刚说完，突然想起章眠说过，吴帆本不想让她知道的，于是扶着额头只能在心里暗骂自己，笨蛋，说漏了吧。

原来任何女孩子在面对自己喜欢的人时，都会不知所措，说着言不由衷的话，分分钟想把时间倒退情境重来一遍。李桃熙自顾自地在懊恼，而吴帆也是一副心不在焉的状态，脸上时不时地绯红一阵，犹豫了好久才开口，"不谢，今晚广场会有孔明灯会，要不要一起去看看，据说孔明灯许愿很灵的。"

"好啊。"

"不好。"

李桃熙和顾兮阳几乎是异口同声，说完三个人都愣住了，顾兮阳这才意识到自己的失态，连忙补充道："不好意思啊，我今晚回去还要补习下口语，离比赛剩下的时间也不多了。"

"嗯，那你先回去好好练习。"顾兮阳用练习口语作为借口拒绝来孔明灯会，李桃熙是不开心的，只能鼓起勇气自己和吴帆一起去了。

两人的背影渐渐消失在人群里，顾兮阳这才回过神来，胆小鬼李桃熙一直被他保护着，主见不大凡事都会找他来商量，如今却能离开他自己做些决定了。不管她是因为赌气还是真的长大了，他突然开始有点儿难过。

其实，他早就知道吴帆也喜欢李桃熙，只是还没有来得及告诉她。

这次的孔明灯会，她会发现吗？

纸条的幕后小黑手

孔明灯会之后，李桃熙和吴帆自然而然地成了比较要好的朋友，那天吴帆告诉她，旧钟楼的敲钟人就是他的爸爸，他妈妈做糖醋排骨可好吃了有空可以来吃，而他虽然成绩不好但也不是大家传闻中的不务正业。

吴帆小小年纪就已经写了三本武侠小说了，并且都在网站上点击率排名前三，每个人的天赋或许不一样，但不是道不同其他道就是歪道。

李桃熙打心底里认可吴帆的梦想，她那天对着孔明灯许下了一个贪心的愿望，她希望她和吴帆的梦想都能在时光的打磨中愈发变得坚韧，最后开花结果。

市里口语比赛的日子是周六，李桃熙正在卧室里睡懒觉，还做着甜甜的吃货美梦，顾兮阳突然给她家的座机打电话，着急地说："桃子，我现在在去市里的班车上，可是我刚才发现忘记带准考证了。我爸妈上班也不在家，你能不能现在去我家帮我拿下准考证送过来，就在我的书桌上，家里的备份钥匙你知道放在哪里的。拜托了，我现在回去拿肯定是来不及了。"

"好，你放心吧，我一定会尽快送过去的，别着急。"李桃熙一下子清醒过来，挂了电话马上套上裙子就出了门。

顾兮阳的桌子上乱七八糟的堆了很多资料，李桃熙翻找了很久才看到夹在英语资料里的准考证，拿了准考证后准备走时她突然呆住了，她看到顾兮阳的日记本里露出来的半张纸条，正是和她收到的第一张神秘纸条一样的纸。

李桃熙简直是不可置信，感觉自己拿日记本的手都在颤抖，她试着用顾兮阳家的电话作为密码，居然打开了密码锁，看来他们两个真是一样的脑洞。

取出纸条，上面也是用电脑打出的宋体字，只是这次写着：我还知道吴帆也喜欢你。

吴帆喜欢她？李桃熙突然感觉脑子里一片混乱，脸色也跟着涨红起来，她现在突然有好多个为什么想问顾兮阳，他是怎么知道这些的？他又为什么要写这种纸条？带着无数的疑问，李桃熙翻开了顾兮阳的日记本，她相信，人会撒谎，但笔记本不会说谎话的。

"周二，晴转多云，英语老师叫我去了办公室，她说下个月的市里口语比赛已经定了我去参赛。我当时听到这个消息并不开心，一般这种英语类的比赛都是以最近一季度的综合成绩为标准，桃子和章眠的综合成绩都比我高。我知道，很可能是由于妈妈和英语老师是大学同学的缘故，她特别地关照我。我郁闷地回了教室，也不敢告诉桃子这件事怕她多想，桃子正趴在桌子上写日记，她最近好像有心事，总在写日记。章眠突然一声尖叫，她喜欢画画，好像削铅笔的时候误伤了手指，桃子立马带着她去医务室包扎。我看着桃子桌上的日记本一时脑热就翻开了，我本意是想偷看一下桃子对口语比赛的态度，结果意外地发现了桃子的秘密。关于口语比赛我已经感觉到对桃子有点儿愧疚，我想帮帮她，于是我准备了两张纸条，到了真正要丢进桃子桌子里的时候，我犹豫了，我只丢了第一张纸条。说实话，我并不看好吴帆那个男生，我拿着桃子的笔记本在操场瞎晃悠了很久，我在想该怎么办，然后我看到正在操场上看武侠的吴帆，于是我偷偷地把桃子的笔记本留在了他的身后……"

　　看完顾兮阳的日记，李桃熙的脸色已经变了好几回了，她既生气又感动，她生气顾兮阳就那样把她的笔记本丢在了操场，万一没被吴帆捡到被教务处捡到可不是一件好事呢。她感动从小到大都是被顾兮阳保护着，他想告诉她关于吴帆的事却又担心吴帆不够好。虽然后来整成了一场闹剧，但李桃熙却是真的蛮感谢他的，要不是顾兮阳丢掉笔记本，吴帆又怎么肯主动走进她的朋友圈呢？

　　想到这，李桃熙突然抬手看了眼手表，糟了，再不快点儿真的来不及了。

　　"师傅，去市里，快点儿啊！"李桃熙拦了一辆计程车，花光了她这个月的积蓄，不过又有什么关系呢，她拥有一个最称职的竹马，还有一个最优秀的暗恋对象。所以这一次，轮到她变成他们的最佳拍档。

　　旧钟楼的钟声还是依旧婉转动听，但李桃熙却听出了景德镇不一样的故事。